O SEGREDO DO
SUCESSO

William Walker Atkinson

O SEGREDO DO
SUCESSO

© Publicado em 2014 pela Editora Isis.

Título original: *The Secret of Success*

Tradução: Maria Lucia Acaccio
Revisão de textos: Rosemarie Giudilli
Diagramação e capa: Décio Lopes

DADOS DE CATALOGAÇÃO DA PUBLICAÇÃO

Atkinson, William Walker
O Segredo do Sucesso/William Walker Atkinson | 1ª edição | São Paulo, SP | Editora Isis, 2013.

ISBN: 978-85-8189-054-8

1. Esoterismo 2. Autoajuda I. Título.

Proibida a reprodução total ou parcial desta obra, de qualquer forma ou por qualquer meio seja eletrônico ou mecânico, inclusive por meio de processos xerográficos, incluindo ainda o uso da internet sem a permissão expressa da Editora Isis, na pessoa de seu editor (Lei nº 9.610, de 19.02.1998).

Direitos exclusivos reservados para Editora Isis

EDITORA ISIS LTDA
www.editoraisis.com.br
contato@editoraisis.com.br

SUMÁRIO

Introdução 7

O Indivíduo 13

Espírito 17

Poderes latentes 23

A força da alma 31

O poder do desejo 39

A Lei de Atração 47

Magnetismo pessoal 59

Uma personalidade atraente 65

Palavras finais 77

INTRODUÇÃO

Ao me dispor a escrever este livro que intitulo *O Segredo do Sucesso*, não pude impedir que me assaltassem as dúvidas. Não é que não tenha simpatia pelo tema, nem tão pouco que não creia que exista um Segredo do Sucesso, senão que seja melhor, porque já se escreveu demasiado a respeito do sucesso. São tantos os que já abordaram este assunto que se teme adotar uma posição em que possam considerá-la como mestre do sucesso. É muito mais fácil dizer coisas do que fazê-las. É mais fácil encher páginas e páginas com bons conselhos e dedicar-se a formular um código de preceitos, do que sair a campo do comportamento real e pôr em prática esses mesmos preceitos.

Já podem imaginar, por que me assaltam dúvidas ao assumir um papel que deixe a porta aberta a que me considerem mestre do sucesso dos que, "façam o que digo e não o que eu faço?"

Esta questão, porém, tem outra face. Além do mero recital da lista de boas qualidades que levam ao sucesso – lista que todo escolar e todo leitor de livros de autoajuda conhece perfeitamente – há algo mais e esse algo mais sugere que o pesquisador do sucesso o possua em seu interior que, se traduzido em ação, terá para ele um valor incalculável.

Este é o verdadeiro segredo do sucesso que não tem nada a ver com uma lista de normas a seguir.

A ele proponho dedicar este livrinho a fim de expor minha ideia de que é esse algo que temos em nosso interior e que alcançará quem o desenvolva e consiga expressá-lo em atos. Assim, não espere encontrar aqui um compêndio inteiro de regras que o destinarão ao sucesso, aprovadas e formuladas por aqueles que encontraram o sucesso e que somente o obterão após aplicar as referidas regras, pelas quais se sentem inclinados a passá-las a outros.

Este livro não é deste tipo, até, muito diferente. Espero que lhes agrade, de qualquer forma, sempre lhes fará bem. Todos nos esforçamos a buscar o sucesso.

A ideia que cada um possui do sucesso pode não ser a mesma, mas todos concordamos em nosso desejo de alcançá-lo. "Alcançá-lo" é a palavra chave que encarna a essência disso que chamamos sucesso. É alcançá-lo! Chegar à meta a que nós havíamos proposto. Este é o assunto do sucesso.

Homens e mulheres dedicaram-se a registrar o caminho para o sucesso e ainda que alguns tenham sido de grande ajuda para os que os seguiram na via do sucesso, nenhum, até agora, foi capaz de contar toda a história a respeito dele. E não é de estranhar, porque no caminho para o sucesso, cada homem e cada mulher, em certa medida, ditam a lei para si mesmo.

Não há dois temperamentos exatamente iguais. A natureza se compraz na variedade. Nenhuma circunstância é exatamente igual a outra, pois nela se manifesta também a infinita variedade da natureza. Por isso, é bobagem procurar estabelecer normas de aplicação universal, normas que, sem dúvida, estarão encaminhadas para a meta do sucesso.

Procuremos olhar ao seu redor e vermos as necessidades particulares que têm os distintos indivíduos que compõem as massas e logo nos daremos conta do absurdo de tentar ditar normas de aplicação universal sobre este tema.

Cada homem e cada mulher que tiveram sucesso, obtiveram-no de um modo distinto, ainda que geralmente seguindo certas linhas comuns de ação; de fato, o que conhecemos como particularidade ou singularidade parece jogar sempre um papel importante no sucesso da maioria das pessoas que alcançaram o sucesso.

A singularidade dá, aos que a possuem, uma boa bagagem que lhes permitirá não seguir ferreamente nenhum conjunto de regras antes demarcadas.

Devo, por isso, assinalar como um princípio importante, o fato de que cada um deve trabalhar na busca do seu sucesso, seguindo as linhas de sua própria particularidade, em vez de seguir cegamente uma série de normas ou de linhas de conduta marcadas por outros.

Até o que acabo de dizer pode parecer estranho considerando que, pensando como penso, eu tenha tido a coragem de escrever um livro intitulado "O Segredo do Sucesso", especialmente ter começado o texto manifestando a impossibilidade de estabelecer uma série de normas sobre o tema.

Pode parecer paradoxal, mas verão que não é.

Com certeza, creio que cada um deve trabalhar na busca do seu sucesso, seguindo as linhas da sua própria particularidade e singularidade, em lugar de seguir algum plano pré-estabelecido por outros. E é aqui, onde reside o "Segredo do Sucesso", ou seja, seguir as linhas da sua própria singularidade e particularidade.

Disso se deduz que possuímos a referida singularidade, precisamente para trabalhar conforme nossos delineamentos. E, à medida que tenhamos essa singularidade, possuiremos o primeiro requisito para alcançar o sucesso. E é isso a que me refiro quando falo do "Segredo do Sucesso": singularidade.

Toda pessoa possui uma singularidade latente, mas poucos se permitem expressá-la.

Entre nós, a maioria é como reses que caminham satisfeitas atrás da que leva o chocalho, cujo som guia-lhes os passos.

Pensamos de alguma forma, que quem leva o chocalho possui o conhecimento, o poder e a capacidade de pensar, e em lugar de desenvolver nosso próprio poder dormente deixamos que nossas possibilidades latentes permaneçam na escuridão, enquanto andamos mansamente atrás daquele que leva um sininho.

Neste sentido, o ser humano é muito parecido com estes animais.

Preferimos obedecer e imitar antes que assumir a responsabilidade de dirigir nossos próprios passos. Esperamos que alguém nos guie e logo saímos todos em debandada atrás dele.

É de se estranhar que esses líderes reclamem para si mesmos o que consideram mais substancioso, deixando que a manada se contente com a erva meio seca? Em absoluto, pois precisamente por sua singularidade e iniciativa, seus seguidores lhe outorgaram o privilégio de eleger.

De fato, são eleitos como líderes por esta qualidade de autoafirmação e assertividade. Se, em vez disso, se tivessem se mostrado modestos e educados, a manada os teria deixado de lado, sem reconhecê-los tais quais líderes, indo à busca de outros que saibam como ficar à frente.

Neste livro, tampouco, tentarei despertar em você o espírito de chegar a alcançar isso, nem o desejo de lutar para dirigir a manada. Mas, além de certa vaidosa autossatisfação, não há muito que valha a pena, no fato de dirigir os outros. O verdadeiramente desejável é possuir a suficiente singularidade e iniciativa para chegar a ser seu próprio "portador do chocalho", para marcar sua própria lei.

Os grandes seres, os verdadeiramente fortes, não se preocupam com a manada que, não obstante, os segue obedientemente. Isso não lhes causa satisfação, ratificando, tão só, as ambições das mentes inferiores.

Os grandes homens, os grandes espíritos de todos os tempos, obtiveram mais satisfação dessa convicção interna acerca da sua força e capacidade do que do aplauso das massas e da servidão daqueles que pensam somente em imitá-los e seguir seus passos.

Assim é que, o "X" da questão é o que chamamos singularidade.

Todos a possuímos no nosso interior e todos podemos desenvolvê-la e pô-la em ação. Essa singularidade é a expressão do nosso Ser. Esse ser a que nos referimos quando dizemos "Eu".

Cada um de nós é um indivíduo, um "Eu" distinto de qualquer outro "Eu" do Universo, e à medida que expressarmos e desenvolvermos os poderes desse "Eu" seremos fortes, grandes e bem-sucedidos.

É algo que todos possuímos, mas sua expressão externa depende de cada um de nós. E essa expressão externa constitui o núcleo do Segredo do Sucesso. Por isso, usei essa expressão e é a esse respeito que vou lhes falar neste livro.

Creio que valha a pena aprender este "Segredo".

O INDIVÍDUO

Na introdução, eu disse que o segredo do sucesso consiste principalmente na livre expressão dessa singularidade do "Eu", mas antes que você seja capaz de aplicar esta ideia com sucesso, deverá descobrir e ser paciente de que seja realmente esse "Eu" que há no seu interior.

À primeira vista, parecerá ridículo a muitos de vocês, mas vale a pena que captem a ideia, pois com a realização do "Eu" nos vem o poder.

Se tomar consciência de você mesmo, descobrirá que é um ser mais complexo do que imaginava. Primeiramente, está o "Eu" que é o Ser Real ou o indivíduo, e depois há um outro "Eu" que é algo acrescentado e pertencente ao primeiro "Eu": a personalidade.

Se o "Eu" primeiro trata de examinar o outro "Eu", verá que este consiste ou é formado por três fases ou princípios:

1. O corpo físico.
2. A energia vital.
3. A mente.

Para algumas pessoas, seu corpo é o "Eu", não obstante, um pequeno exame mostrará a elas que o corpo não é mais do que uma cobertura material, uma máquina, através da qual pode manifestar-se o "Eu" real.

Não é necessário muito esforço para perceber que alguém pode estar consciente do seu "Eu" e, ao mesmo tempo, se esquecer totalmente do seu corpo físico. Disso, se deduz que o "Eu" é independente do corpo e que esse faz parte desse outro "Eu" secundário.

O corpo físico é composto por inumeráveis partículas que mudam a cada momento da nossa vida: seu corpo de hoje é totalmente diferente daquele corpo que tinha há um ano. Assim, temos o segundo princípio desse "Eu" secundário: a energia vital ou, o que podemos chamar de "Vida".

Sabemos que este é independente do corpo, e que lhe dá a energia necessária, mas por sua vez é também transitório e mutante. Podemos considerá-lo como algo que anima e energiza o corpo.

A pergunta é: De que se serve o "Eu"? Serve para examinar e averiguar sua própria natureza? A resposta que automaticamente me vem aos lábios é a "mente". Ela é a que permite captar a verdade do que acabamos de dizer, mas cuidado ao falar da mente, eu disse ela é "a que me permite", ao dizer isso, não estou de alguma forma afirmando que a mente seja algo que o "Eu" utiliza?

Pense por um momento: você é a mente? Verá que seus estados mentais sucedem, que suas emoções mudam, que seus sentimentos diferem de um momento a outro, que suas ideias e seus pensamentos são muitas vezes incoerentes e estão sujeitos às influências externas, ou melhor, são moldados e governados pelo que chamamos de "Eu" o Ser Verdadeiro. Ou seja, deve haver algo além dos estados mentais, das ideias, dos sentimentos, dos pensamentos etc., que seja superior a todos eles e que os "conhece", do mesmo modo que conhece qualquer objeto separado dele mesmo, mas que ele pode utilizar.

Dizemos: "Eu" sinto, "Eu" penso, "Eu" creio, "Eu" sei etc., então, o que é o Ser Verdadeiro? Os estados mentais que citei o "Eu" que é a causa real de todos os fenômenos mentais? Quem sabe não é a mente, mas é o "Eu" que utiliza a mente para saber.

Se nunca estudou o tema, pode parecer-lhe um pouco abstrato, mas se pensar um pouco a respeito, logo poderá vê-lo com clareza.

Não estou dizendo essas coisas para instruí-lo em metafísica, filosofia ou psicologia, pois existem muitos livros que tratam destas matérias em profundidade, e este não é o propósito deste livro.

O assunto é que com a realização do "Eu" ou do seu "Ser Verdadeiro" receberá uma sensação de poder que lhe tornará forte e se manifestará em tudo quanto faça.

Esse despertar da realização do "Eu", clara e vividamente, lhe dará uma sensação de ser e poder jamais sentida.

Antes que possa expressar sua singularidade, deverá ser consciente de que é um indivíduo singular, único e antes de ser consciente de que é um indivíduo singular, deverá ser consciente desse "Eu" que há em seu interior.

O outro "Eu" secundário é o que chamamos personalidade, é sua aparência externa.

Sua personalidade é formada por incontáveis traços, características, hábitos, pensamentos, expressões e emoções, mas não é mais do que uma série de peculiaridades e traços pessoais que você pensou até agora que pudessem ser o seu "Eu" real. Mas não são. Sabe de onde surgiu a ideia de personalidade? Vou lhe dizer. Se procurar em um bom dicionário, verá que esta palavra procede do vocábulo latino "persona" que era uma máscara usada antigamente pelos atores, e também de outras duas palavras: "sonare" que significa *som* e "per" que significa *através de*.

O significado de ambas as palavras combinadas é soar através, quer dizer, a voz do ator soava através da máscara do personagem que estava representando. Assim, a personalidade não é outra coisa senão o papel que representamos no Grande Teatro da Vida ou no Cenário do Universo.

O indivíduo real escondido atrás da máscara da personalidade é VOCÊ, o Ser Real, o "Eu", essa parte de você que é consciente quando diz "EU SOU", que é a afirmação da sua existência e do seu poder latente.

A palavra "Indivíduo" significa algo que não pode ser dividido, algo que não pode ser machucado nem ferido por forças externas, algo REAL. E você é um indivíduo, um Ser Verdadeiro, um "Eu", algo enriquecido com a vida, a mente e o poder, para usá-lo conforme sua vontade.

Um poeta chamado "Orr" escreveu:

"Sou senhor de mil mundos e neles reino desde o princípio dos tempos; noite e dia em cíclica alternância vão passando enquanto observo seu conteúdo; quando o tempo cessa Eu descanso, pois Eu Sou a alma do homem".

ESPÍRITO

Para muitos de vocês, o título deste capítulo pode sugerir algo relacionado a espíritos, entidades desencarnadas, à alma ou algo assim a que se costuma aplicar o nome de espíritos.

Nesta ocasião, uso esta palavra em sentido distinto. Um dos significados da palavra espírito é "energia, vitalidade, entusiasmo, ânimo" etc. Esses significados lhe darão a ideia do sentido que estou atribuindo aqui a este termo.

Neste caso, a palavra espírito expressa a ideia da natureza essencial do poder universal, que se manifesta também no homem como centro do seu ser, sua força e poder essencial, de onde procede tudo aquilo que o converte em um indivíduo. Não me refiro a qualquer qualidade etérea, espiritual ou do além, senão ao estado de ser animado, com vida e com vigor.

Essa vida e esse vigor procedem do núcleo de nosso ser, dessa zona ou plano da nossa mente e nossa consciência, do "EU SOU".

Este espírito se manifesta em graus distintos conforme os indivíduos, assim também entre os animais. É uma qualidade e uma expressão vital elementar, fundamental e primitiva e não depende da cultura, refinamento ou educação.

Seu desenvolvimento parece depender de um reconhecimento instintivo ou intuitivo desse Algo Interior, do poder do indivíduo que deriva desse poder universal do qual todos nós somos uma expressão. Inclusive alguns animais parecem possui-lo.

Falando acerca do adestramento dos animais, um conhecido escritor manifestava a consciência instintiva de que alguns animais possuem esse espírito:

> Se colocamos os mandris machos na mesma jaula, veremos como abrem a boca mostrando todos os seus dentes e rugindo mutuamente, mas logo veremos que um deles, talvez, inclusive, possuindo maior dentadura, ruja de modo distinto que o assinale como inferior ao outro. Não há necessidade de luta. O mesmo ocorre com os grandes felinos. Quando se colocam dois ou quatro ou uma dezena de leões juntos, também, sem tentativa de luta, logo se verá que um deles tem a marca do chefe. Com o que ele escolhe sua comida antes que os demais e se assim deseja, o resto nem sequer começará a comer até que ele tenha terminado. É o primeiro que bebe a água fresca. Em resumo, ele é o rei da jaula. Quando um domador está diante de um felino que atua de modo incomum, a atitude do animal é praticamente a mesma que a do rei da jaula, mencionado e seria pouco inteligente desafiar sua liderança.

Nessa citação, seu autor manifesta claramente que nem sempre o mandril com maiores presas é o chefe e que tampouco o rei leão impõe seu domínio necessariamente ganhando uma luta. É algo muito mais sutil do que físico, pois se trata de manifestação de um tipo de qualidade sutil no animal. O mesmo ocorre com o homem. Nem sempre é o mais corpulento ou de mais força física quem governa. Chega a ser um líder, em razão dessa qualidade misteriosa que é chamada de espírito e que, às vezes, denominamos de carisma.

Quando dois indivíduos entram em contato se dá entre eles uma resistência mental, naturalmente sem medir uma só palavra, uma alma faz medição da outra enquanto ambos se olham, e algo sutil em cada um deles faz conexão com o outro.

Possivelmente, tudo ocorre em breves instantes, mas o conflito já está elucidado para sempre, e cada um deles saberá se é o vencedor ou o vencido.

Pode não haver entre ambos sensação alguma de antagonismo, não obstante pareça existir um reconhecimento interno de ambas as partes de que um deles seja o líder. Esta liderança não depende da força física, dos conhecimentos intelectuais, nem da cultura no sentido comum, mas é a manifestação e o reconhecimento dessa qualidade sutil que se chama espírito.

A gente, inconscientemente, afirma seu reconhecimento desta qualidade neles e em outros mediante o uso deste vocábulo. Por vezes, ouvimos dizer que alguém não tem espírito ou que outro tem o espírito muito elevado.

Os criadores de cavalos de corrida dirão que um cavalo com espírito, com frequência, ganha de outro com mais qualidades físicas, mas com menos espírito ou menos classe.

Os ginetes declaram que esse espírito é reconhecido pelos outros cavalos, os quais se sentem afetados e se desanimam deixando-se vencer, ainda que, por sua vez, possuam muitas qualidades físicas.

Este espírito é uma força vital que em distintos graus todos os seres vivos possuem e é algo que todos nós podemos desenvolver e reforçar.

No seguinte capítulo, veremos alguns casos da sua manifestação entre as pessoas.

Um exemplo histórico deste espírito, em circunstâncias aparentemente assombrosas, oferece-nos a entrevista entre Hugo, Arcebispo de Lincoln, e Ricardo, Coração de Leão, na Igreja de Roche d'Andeli.

No seu desejo de continuar a guerra na Normandia, Ricardo pediu a seus barões e bispos provisões e dinheiro adicionais, mas Hugo recusou-lhe mais homens e dinheiro. Declarou que ainda que a sede de Lincoln estivesse legalmente obrigada a fornecer homens e dinheiro para o serviço militar entre os quatro mares da Bretanha, a guerra da Normandia não ocorria nesse espaço e deste modo desafiou o rei Ricardo, chamado Coração de Leão, que não era alguém a quem se pudesse desafiar sem consequências. Assim, quando chamou o bispo Hugo para a Normandia, poucos duvidavam do resultado.

A queda do bispo era considerada um fato. Nada mais, ao desembarcar na Normandia, dois barões, amigos seus, informaram-lhe que o rei estava terrivelmente aborrecido com ele, aconselhando-o a que enviasse alguma mensagem em tom humilde e conciliador, antes de se apresentar diante dele. O bispo, porém, rejeitou o conselho e foi diretamente ao encontro do monarca.

Quando o bispo entrou, Ricardo estava assistindo à missa. Hugo caminhou até ele e sem fazer caso do seu gesto, disse-lhe:

– Beije-me, meu senhor rei.

Ricardo voltou-se irado, sem saudá-lo, mas Hugo, olhando-o nos olhos e sacudindo o ombro real vigorosamente, repetiu sua demanda.

– Não o merece – rugiu o rei com ódio e ira.

– Sim – respondeu Hugo, – sacudindo mais o ombro real.

O rei gradualmente afastou seu olhar e baixou os olhos ante o bispo, saudando-o e beijando-o devidamente, então o bispo tranquilamente participou do serviço religioso.

Posteriormente, Hugo desafiou de novo o rei no salão do conselho, persistindo em sua negação, e inclusive se atreveu a recriminar o rei pela sua infidelidade para com a rainha.

Os conselheiros estavam surpresos, pois conhecendo a ferocidade e a coragem do temperamento de Ricardo, esperavam ver Hugo morto de um momento a outro, não obstante, surgiu Hugo vitorioso na luta do espírito.

Disse o historiador: "Naquele momento, o leão foi domado".

O rei nada reconheceu, mas, conteve-se na sua paixão, destacando posteriormente:

– Se todos os bispos fossem como meu senhor de Lincoln, não haveria príncipe que pudesse levantar sua cabeça diante deles.

Esta não era a primeira vez que este bispo de Lincoln havia vencido um rei. Pouco tempo depois que o rei Henrique Plantagenet o nomeara bispo, houve uma séria disputa com o monarca.

Henrique estava no parque de Woodstock rodeado da sua corte, quando Hugo se aproximou. O rei fingiu não ver o bispo. Após alguns momentos de tenso silêncio, o bispo, empurrando para um lado o poderoso nobre que estava sentado junto ao rei, tomou seu lugar.

O rei fingiu estar ajustando sua luva de couro. Então o bispo, com alegria e ligeireza disse:

– Sua Majestade me lembra de meu primo de Falaise.

Falaise era o lugar onde o Duque Roberto, antecessor de Henrique, havia se encontrado com Carlotta, filha de um curtidor, que lhe deu seu filho ilegítimo que, posteriormente seria conhecido como Guilherme, o Conquistador.

A atrevida alusão ao ancestral foi demais para o rei, que perdeu seu prumo, logo acedendo aos desejos do bispo. Mas, como disse Fothergill com muita razão: "É um grande erro supor que essa vontade se mostre em qualquer ocasião, longe disso".

Com frequência, tem-se a tendência a se ocultar essa vontade, e não é estranho achá-la escondida sob um aspecto exterior de amabilidade.

Homens e mulheres apresentam tal "doçura", parecem não ter vontade própria, e simplesmente existir para fazer o que seja agradável aos demais. Mas, espere que chegue o momento e sua vontade latente se revelará, e então descobrimos uma mão férrea sob sua luva de veludo; não há como se enganar com eles. Este é o segredo da verdadeira diplomacia.

Talleyrand possuía essa vontade em grau notável e, assim, foi um diplomata atrevido, tranquilo e de grande sucesso.

Cavour também possuía este mesmo poder e o usou com muita sabedoria.

O presunçoso e o fanfarrão carecem dele.

É um poder sutil que resiste a aflorar à superfície, mas em momentos de necessidade surge como uma faísca dinâmica, arrastando tudo diante de si. Trata-se de uma força elementar, de um poder irresistível.

PODERES LATENTES

A maioria de nós teve a experiência de que no interior do nosso organismo físico há uma força especial. Estamos realizando algum trabalho físico, e em determinado momento nos encontramos esgotados, sem alento, todo o nosso ser nos pede para nos deter e descansar.

No entanto, se persistirmos em continuar com o mesmo trabalho, chegará um ponto que essa sensação de esgotamento desaparecerá e poderemos, então, seguir trabalhando com pouco esforço.

Este é um fenômeno que deixou os especialistas perplexos, inclusive ainda nos dias de hoje não existe uma explicação clara para o mesmo. É como se, ao chegar a um determinado ponto o corpo tivesse acesso a um segundo e vasto depósito de energia vital, que o próprio corpo mantém em reserva para tais emergências.

Todos os que já praticaram algum esporte conhecem perfeitamente este fenômeno fisiológico peculiar, pelo que é algo conhecido e admitido sem dúvida alguma.

Curiosamente, existe um paralelismo entre o funcionamento da natureza e os planos mental e físico. Do mesmo modo como se dá este acesso ao segundo reservatório de força física vital, existe também uma reserva de força mental ou de energia latente que podemos provisionar e, praticamente, nos permite recomeçar a tarefa.

Certos fenômenos mentais são muito semelhantes à sua contraparte física que mencionamos. Podemos estar no limite realizando algum tipo de trabalho mental pesado e tedioso. Podemos começar a nos sentir enfermos, quando, de repente uma onda de energia faz com que prossigamos o trabalho com vigor e entusiasmo, muito mais intensos do que quando o iniciamos. É como se de repente tivéssemos nos conectado a uma fonte ou uma provisão nova de energia mental.

A maioria de nós conhece muito pouco ou quase nada acerca das reservas de energia mental e das forças contidas no nosso ser.

Caminhamos com nosso passo habitual pensando em fazer o melhor que podemos, e que estamos obtendo da vida tudo o que é possível se obter.

Não obstante, estamos vivendo somente na primeira fase do esforço. Muito além, existem ilimitados depósitos de força e de energia mental. Trata-se de um poder latente, algumas faculdades adormecidas, que estão esperando a ordem mágica da vontade para despertar, entrar em atividade e se manifestar externamente.

Somos seres muito maiores do que pensamos, somos verdadeiros gigantes, se tivermos consciência disso.

Somos como jovens elefantes que permitem ser adestrados por homens doentios que os agrilhoam, ignorando a grandeza da sua força e o poder que estão escondidos no seu organismo.

Aqueles que leram nosso livro intitulado **A consciência interior**, recordarão acerca das zonas acima e abaixo do plano da consciência comum.

Nesses planos ocultos da mente existem impensáveis possibilidades, que são matéria-prima para realizar e alcançar tarefas mentais imensuráveis e são como baterias maravilhosas. O problema é que não somos conscientes da existência dessas faculdades. Pensamos que somos meramente o que manifestamos no nosso viver cotidiano.

Outro problema é que não temos incentivos para entrar em ação, carecemos de interesse em realizar grandes coisas, não desejamos com suficiente força. Esse "desejar com suficiente força" é o grande poder que move a totalidade da vida.

O desejo é o fogo que expande o vapor da vontade. Sem incentivo, isso é, sem desejo, nada conseguiremos.

O desejo intenso e ardente é uma força animadora, é o grande incentivo para entrar em ação e para nos levar a esse segundo reservatório de energia interna, que nos permite realizar milagres mentais.

Surpreendemo-nos diante do sucesso dos grandes seres em todos os aspectos da vida e nos escusamos dizendo que essas pessoas parecem ter "algo" que nós não temos. São tolices. Todos nós temos a possibilidade de realizar conquistas mil vezes superiores às que estamos conseguindo até agora.

O problema não é de carência de força física nem de matéria-prima mental, senão de desejo, interesse e incentivo para chegar a esses maravilhosos reservatórios de poder dinâmico que existem em nossa mente.

Erramos em pô-los ao nosso alcance, assim também outras forças e poderes naturais que estão ansiosos por ser manifestados e expressados. Sim, exatamente isso, ansiosos, pois todo poder natural em situação estática parece estalar em desejos de se manifestar e se expressar a si mesmo em forma de uma atividade dinâmica externa. Parece ser uma Lei da Vida e da Natureza.

A Natureza e tudo quanto há nela está ansiosa por se expressar ativamente. Você não se surpreendeu alguma vez, quando a consequência de alguma pequena pressão ou incentivo, algo no seu interior, pareceu romper as amarras levando-o tal qual um vendaval a realizar algum tipo de ação?

Nunca realizou, em um momento de grande tensão ou necessidade urgente, algo que a sangue-frio você considerava impossível?

Não fez, às vezes, coisas, em um impulso surpreendente, sendo que, em circunstâncias normais teria permanecido impassível sem fazer nada?

O forte desejo e entusiasmo são dois fatores importantes na hora de pôr em funcionamento essas forças latentes, esses poderes dormidos em nossa mente.

Mas, não deve permanecer parado, esperando chegar em um nível de fervor necessário para que essas energias entrem em ação.

Mediante o treino da vontade, ou melhor dizendo, mediante um cuidadoso treino de si mesmo no uso da sua vontade, pode manter o controle do seu dispositivo mental, de forma que possa conectá-lo ou desconectá-lo quando for necessário.

Uma vez que domine este processo, verá que não se cansa mais quando estiver sob grande tensão do que quando passeia tranquilamente. Este é um dos segredos do sucesso.

Para alguns, a palavra vontade significa simplesmente uma firme coerência da mente para um propósito fixo e determinado. Para outros, significa algo como desejo, enquanto que para outros representa o poder da escolha.

Entretanto, para o ocultista a vontade é muito mais do que isso, é um poder vital, uma força ativa da mente, capaz de dominar e governar as outras faculdades mentais e também de se projetar além dos órgãos mentais do indivíduo, e de afetar outros que se encontrem em seu campo de influência. Nesse sentido, é que uso a palavra vontade neste capítulo.

Não quero levar o leitor aos tênues reinos da metafísica, nem tão pouco aos mais árduos caminhos da psicologia como ciência, mas, sim, quero levar ao seu conhecimento a existência disso que chamo de poder da vontade e da sua relação com o "Eu".

Entre todos os poderes e faculdades mentais, o da vontade é o mais próximo do "Eu", o Ego da pessoa. É a espada do poder na mão do ego.

Alguém pode se desviar mentalmente de outras faculdades e estados mentais, mas quando pensa no "Eu" obriga-se a pensar nele tal qual possuidor desse poder a que chamamos vontade.

A vontade é um poder original do "Eu" que está sempre com o indivíduo, até o final. É a força com a qual ele governa (ou deveria governar) seu reino mental e físico, o poder através do qual sua individualidade manifesta-se no mundo exterior.

O desejo é o grande poder motivador que incita à vontade entrar em ação. Como mostramos anteriormente, a ação da vontade sem o poder motivador do desejo é impensável. Disso se deduz que o cultivo e a correta direção do desejo implicam canalizar a expressão e a manifestação da vontade.

Cultivamos certos desejos para que a vontade flua por esses canais. Ao cultivar o desejo, conforme certas linhas, criam-se canais por onde a vontade pode fluir na sua caminhada para a expressão e a manifestação. Por isso, tem de se assegurar ao desenhar seus canais de desejo claramente, criando as imagens do que realmente deseja. Assegure-se que os canais do desejo sejam nítidos mediante a força da atenção repetida e da autossugestão.

A história está cheia de exemplos de homens que desenvolveram o uso da vontade. Digo "desenvolveram o uso" e não "desenvolveram a vontade", já que o homem não desenvolve a sua vontade, pois sua vontade está sempre presente e pronta para ser usada.

O que o homem desenvolve é sua capacidade de usar essa vontade e de se aperfeiçoar em seu uso.

Insisto, muitas vezes, no seguinte exemplo: o homem é que nem um trólebus, com seu dispositivo mental conectado ao cabo da vontade. Por esse cabo flui a corrente que ele capta e que a leva até abaixo, até a mente e com a qual pode mover-se, atuar e se manifestar. Mas, a corrente está sempre no cabo e o que se pode desenvolver é a habilidade para se conectar a ele e usar sua força e sua energia.

Se mantiver esta ideia em sua mente, poderá aplicar esta verdade com mais facilidade na sua vida diária.

Um dos maiores gênios da indústria possui essa qualidade em grau supremo. Dele disseram:

"Sua vontade é forte, poderosa e quase irresistível. Qualquer coisa ou pessoa que interfira no seu caminho, com toda certeza será conquistada".

Assevera Buxton:

Na medida em que passam os anos, vejo mais claro que há grande diferença entre os homens, entre o débil e o poderoso. Entre o grande e o insignificante, é a energia, decisão invencível; uma vez estabelecido seu objetivo para eles é a vitória ou a morte. Esta qualidade consegue qualquer coisa que se possa imaginar neste mundo e não há talento, circunstância nem oportunidade que sem ela possa converter-se em homem uma criatura de duas patas.

Na citação acima, a ideia de insistência e decisão identifica-se com a vontade. A vontade deve ser forte e constante em relação à tarefa a cumprir, do mesmo modo como o cinzel apoia-se com força contra o objeto que deve ser talhado. Mas, a simples insistência e a decisão não realiza o trabalho, de nada servirão se não estiver presente a vontade de cortar e cinzelar.

Como vemos, a vontade tem um duplo sentido: em uma fase a vontade realiza o trabalho, enquanto que na outra, força a mente a manter-se frente ao mesmo. Deste modo, em certo sentido, a decisão e a insistência são a força que faz o trabalho, do mesmo modo que o corte do cinzel é a mão firme que o mantém.

Simson salienta que: "Um desejo apaixonado e uma vontade firme podem alcançar o impossível, o que para o débil lhe pareceria sê-lo".

Disraeli salienta que: "Depois de muito meditar, cheguei à convicção de que o ser humano com um propósito firme deve cumpri-lo, e nada resistirá a uma vontade para alcançar sua meta, inclusive arriscando sua própria existência".

De sua parte Foster declara que:

> *É maravilhoso como inclusive as desgraças da vida parecem inclinar-se ante um espírito que não se inclina diante delas, dispondo-se a servir a um desígnio que, na sua primeira aparência, ameaçava frustrar-se. É curioso ver como ante um espírito firme e decisivo o espaço parece aclarar-se, deixando à pessoa campo e liberdade.*

E Mitchell complementa: "A resolução é o que manifesta o homem, não a decisão imatura, não um propósito errante, mas uma vontade forte, infatigável, que derruba as dificuldades e os perigos. A vontade faz dos homens gigantes".

De modo que faça a conexão ao cabo da vontade a fim de que possa utilizar sua energia.

A FORÇA DA ALMA

Com frequência, se utiliza a palavra entusiasmo e, inclusive, seguramente você mesmo já a usou. Mas, você já pensou alguma vez acerca do que realmente significa essa palavra? Qual é seu espírito essencial?

A palavra entusiasmo deriva-se de um vocábulo grego que significa "estar inspirado, estar possuído pelos deuses".

Inicialmente, essa palavra era empregada no sentido de nomear o estado mental de uma pessoa inspirada que parecia estar sob a influência de um poder superior. Originalmente, significava "inspirado por um poder divino ou super-humano; êxtase".

A palavra adquiriu também um significado secundário e desfavorável no sentido de "zelo visionário, fervor imaginativo", mas seu significado real e primário é esse fervor ardente e vivo que tem a ver com as forças internas da própria natureza.

O verdadeiro entusiasmo é um poderoso estado mental exercido a favor ou contrário a alguma ideia. Uma pessoa cheia de entusiasmo parece realmente estar inspirada por algum tipo de poder ou ser superior a ela própria. Nutre-se de uma fonte de poder de que não é comumente consciente. E o resultado é que se converte em um grande ímã que irradia força de atração em todas as direções, e que influencia os que caem dentro do seu campo.

O entusiasmo é contagioso, e quando o indivíduo realmente o experimenta, converte-se em uma fonte de poder indutivo, em um centro de influência mental. Mas esse poder que preenche a pessoa, não procede de qualquer fonte externa, procede de certas regiões de sua mente ou alma, de sua consciência interna.

Os que leram nosso livro intitulado **Consciência interior** entenderão facilmente de que parte da mente se deriva referido poder.

O entusiasmo é, na realidade, o poder da alma e quando é genuíno, é reconhecido e sentido por todos quantos estão no seu campo de influência.

Sem certo nível de entusiasmo, ninguém alcançou o sucesso e ninguém o alcançará.

Nas relações entre pessoas, nada pode se comparar ao entusiasmo. Implica seriedade, concentração e força e são poucas as pessoas que não são influenciadas em algum grau quando o entusiasmo é manifestado por outra.

Poucos percebem o verdadeiro valor do entusiasmo.

São muitos os que tiveram sucesso por possuí-lo e muitos os que fracassaram por carecer dele.

O entusiasmo é o vapor que move nossa maquinaria mental e que, indiretamente, nos faz alcançar as grandes coisas da vida.

É impossível realizar uma tarefa sem certo grau de interesse por ela. O que é o entusiasmo senão interesse mais a inspiração?

O entusiasmo é interesse inspirado. É graças ao poder do entusiasmo que as grandes coisas da vida conseguem expressar-se e se realizar.

O entusiasmo não é uma coisa que alguns possuem e outros não. Potencialmente, todos o têm, mas somente alguns poucos são capazes de expressá-lo.

A maioria tem medo de sentir "algo" e logo deixar que esse sentimento se expresse a si mesmo em uma ação poderosa, como faz o vapor na máquina.

A maioria das pessoas não sabe como elevar o vapor do entusiasmo. Fracassam em manter o fogo do interesse e do desejo controlado na sua caldeira mental, e, em consequência, não conseguem elevar a pressão do vapor do entusiasmo.

O entusiasmo pode se desenvolver cultivando-se o interesse e o amor por sua tarefa.

O interesse, a confiança e o desejo estimulam o entusiasmo. E ele permanece em você, ou para concentrá-lo, a fim de dirigir seu efeito para o objeto, pessoa ou coisa que deseja mover, ou pode se dissipar no ar sem resultado algum. Assim como o vapor, o entusiasmo pode ser utilizado ou dissipado.

Com uma direção concentrada produz resultados, enquanto que ao ser tolamente mal gasto e dissipado, absolutamente, nada produz. Quanto mais interesse demonstre por algo, mais cresce sua confiança e seu desejo, e daí surgirá o vapor do entusiasmo.

Lembre-se sempre que o interesse é a mãe do entusiasmo.

O homem entusiasta tende naturalmente a uma estrutura mental otimista, e ao fazê-lo difunde ao seu redor um ambiente de confiança e alegre expectativa que tende a inspirar confiança nos demais. É o que o ajuda no seu sucesso.

Ao se rodear com uma aura mental de sucesso você transmitirá uma vibração de sucesso, e todos os que estiverem em sua presença, inconscientemente, captarão essas vibrações.

O entusiasmo é muito contagioso, e quem quer que possua a qualidade, o tipo e o grau justo inconscientemente comunica seu interesse, seu desejo e suas expectativas aos demais.

O entusiasmo joga um papel importante no que chamamos magnetismo pessoal. É uma qualidade mental quente, viva, que acelera o pulso de quem o utiliza e dos que se veem afetados por ele.

É muito diferente da fria indiferença que se encontra com frequência nos negócios e que faz com que muitas vendas se percam, e que muitas coisas boas sejam perdidas.

O homem que carece de entusiasmo perde mais da metade da sua força e influência pessoal.

Independentemente de quanto sejam bons seus argumentos, sem importar o mérito da sua proposição, salvo que possua esse calor vital do entusiasmo, seus esforços serão inúteis e seu resultado estará comprometido.

Pense nos vendedores que o abordaram e recordará que alguns deles lhe produziram o efeito de um toque de gelo, enquanto que diante de outros, sentou-se e anotou tudo o que diziam e tudo devido ao seu sério interesse e ao seu entusiasmo.

Analise a impressão que as diferentes pessoas que entraram em contato com você lhe causaram e verá o quanto é grande a influência do entusiasmo. Lembre-se do efeito que produz em você quando o sente.

O entusiasmo é como o vapor mental que move as máquinas. Lembre-se.

Dias atrás, colocou-se uma placa em uma das grandes universidades do país como recordação de um feito de um antigo estudante. O referido jovem salvou a vida de 17 pessoas durante uma tormenta que açoitou o lago. Nadando, tirou-os um a um, devolvendo-lhes a vida. Ao final, desmaiou exausto e ao recuperar a consciência, suas primeiras palavras foram: "Fiz tudo o que pude?".

As palavras deste jovem expressam a grande pergunta que todo verdadeiro pesquisador do sucesso deveria ser capaz de responder afirmativamente.

Não é questão de saber se fiz isto ou aquilo, ou, se fiz tanto ou mais do que outro, o importante é:

"Fiz tudo o que pude? Dei o melhor de mi mesmo?".

O homem que entrega o melhor de si nunca fracassa. Sempre tem sucesso, e se o melhor que pode é algo muito simples o mundo colocará, ainda assim, uma coroa de louros sobre sua cabeça.

Aquele que faz tudo o que pode, nunca é um fracassado. Mantém-se no seu posto até que tenha entregado todo o melhor de si em um momento particular. Um homem assim nunca fracassa.

Aquele que dá o melhor de si nunca fará a pergunta pessimista: "Para quê?".

Não lhe importa essa parte do assunto, sua mente está fixa na ideia de que deve fazer seu trabalho e não se conformará com nada menos do que o melhor. E quando se é capaz de responder à grande pergunta com um sincero "sim, dá-se o melhor de si", então certamente será capaz de responder ao "para quê?".

Sempre é útil manter a salvo o melhor de si, ainda que não seja mais do que o motivo para se converter em um homem verdadeiro, por desenvolver seu próprio Ser.

Essa infernal pergunta "para quê?" parece que foi inventada por algum pessimista príncipe das trevas, a fim de que desanime os que lutam desesperançados ou têm esperanças que parecem difíceis de alcançar.

Esta pergunta derrubou muitos homens, levando-os ao fracasso. Quando surja, atire-a da sua mente substituindo-a por: "Estou dando o melhor de mim?", sabendo que uma resposta afirmativa alicerça também a outra pergunta.

Tudo é "para algo" se seu espírito é o correto, desde que seja uma causa justa e que nosso próprio ser deseje segui-la. Inclusive, se alguém encontrar a morte no processo continua sendo um sucesso.

Leia esta história incluída em um artigo recente:

> Trata-se de um marinheiro durante o naufrágio de um barco alemão, que em princípios de 1901 chocou-se contra algumas rochas na costa canadense.
>
> O barco incendiou-se depois de se chocar contra um recife a uns 200 metros da costa.
>
> Naquele ponto a costa era um muro vertical de mais de cem metros de altura.
>
> Ao amanhecer, os pescadores viram, desde a costa, que todos os botes do barco haviam desparecido, assim como toda a tripulação e os oficiais, salvo três homens. Dois deles estavam na ponte enquanto que o terceiro estava no mastro amarrado. Os que observavam viram como uma enorme onda golpeava o barco, varrendo a ponte e os homens que ali estavam.
>
> Várias horas depois viram como o homem amarrado no poste desatava-se e golpeava seu corpo vigorosamente com as palmas das mãos. Evidentemente, tratava de reativar a

circulação sanguínea, que se havia detido quase totalmente pela pressão das cordas e pela temperatura extremamente baixa. Em seguida, o homem saudou os pescadores que se achavam no alto da falésia e lançou-se ao mar.

O primeiro pensamento deles foi que o homem havia abandonado o barco e se suicidava, mas não era esse tipo de pessoa. Ao contrário, nadou até a encosta e ao chegar fez três tentativas de firmar os pés nas rochas que havia na base da falésia. Fracassou, porém e três vezes foi varrido pelas ondas, até que finalmente, vendo a inutilidade dos seus esforços, nadou de novo para o barco.

O narrador continuava:

[...] em um momento assim, 99 de cada 100 homens teriam abandonado o barco, deixando-se morrer, mas aquele homem não era daqueles que abandonam.

Depois da feroz batalha contra as ondas, o homem voltou ao barco e após uma desesperada luta conseguiu subir a bordo, escalou de novo o mastro e saudou outra vez os pescadores que estavam sobre a falésia, incapazes de ajudá-lo.

De novo, amarrou-se com força e os pescadores puderam vê-lo saudando-os para mostrar-lhes que, todavia, estava vivo.

Na manhã seguinte, viram que sua cabeça repousava sobre o peito, havia morrido congelado durante a noite. Estava morto.

Sua valorosa alma havia partido ao encontro do Criador.

Quem pode duvidar que frente a Ele seus olhos miravam com firmeza e valentia a sua presença em vez de olhar para baixo com vergonha ou medo?

Um homem assim merece, sem dúvida, estar diante do seu Criador, sem medo e sem vergonha. Como disse George Kennan:

> *Este homem morreu como qualquer outra pessoa. Em circunstâncias adversas deveria morrer lutando até o último momento. Podem chamar loucura e dizer que podia ter-se evitado sofrimento, deixando-se afogar ao descobrir que não podia passar para a terra na base da falésia, não obstante, do fundo dos seus corações, rendam homenagem à sua valentia, à sua resistência e à sua vontade indomável. Finalmente foi vencido, mas enquanto esteve consciente, nem o frio, nem a tempestade puderam quebrar sua força de vontade.*

No Cáucaso, há um provérbio que diz: "O heroísmo é esforçar-se um pouco mais".

Essa atitude marca a diferença entre o que abandona e aquele que dá o melhor de si e insiste mais uma vez.

Ninguém está morto até que seu coração deixe de bater. Enquanto haja um fio de luta, não se fracassou. E esse momento a mais, com frequência é o momento em que as coisas mudam, o momento em que o inimigo retrocede.

O PODER DO DESEJO

O que é o desejo? Vamos ver.

O dicionário nos diz: "vontade natural de possuir algum bem, o prazer de obter ou desfrutar".

O bem, no sentido anormal ou degenerado: "Anelo excessivo ou mórbido, luxúria, apetite".

Abusou-se muito da palavra "desejo".

Popularmente, foi muito identificada com seu aspecto anormal ou degenerado, ignorando-se seu verdadeiro sentido original.

Com frequência, se usa essa palavra no sentido de um anelo desordenado e mau em lugar de usá-lo no verdadeiro sentido de aspiração.

No entanto, ainda que possamos chamá-lo de aspiração, continua sendo desejo.

Aplicar-lhe o adjetivo "louvável" e ambicioso tampouco lhe tira seu caráter de desejo. Não tem sentido tratar de esconder o fato de que o desejo é o impulso natural universal que nos leva à ação, seja essa boa ou má.

Sem desejo a vontade nunca se converte em ação e nada se realiza. Inclusive as metas mais elevadas são possíveis quando o vapor contido da vontade é estimulado pela chama e o calor do desejo.

Muitos ensinamentos ocultos contêm instruções para matar o desejo e, ao estudante se lhe adverte de que deve ser consciente dele, inclusive em suas mais sutis e insidiosas formas, inclusive até o extremo de evitar o desejo, de não ter desejos.

Tudo isso é tolice, pois se alguém deseja ou quer ou se sente inclinado ou crê que seja melhor matar o desejo; em qualquer desses casos está apenas manifestando um desejo, o desejo de não desejar, ainda que utilize outros nomes.

Que é esse desejar, querer, sentir inclinação, gostar, senão um simples, pleno e puro desejo mascarado sob outros nomes?

Matar o desejo sem desejar é como tratar de se elevar a si próprio, puxando para cima suas meias três-quartos.

Simples loucura. O que realmente quer dizer isso é que o ocultista deveria esforçar-se para se desprender dos baixos desejos que possa conter sua natureza e também desfazer-se do apego às coisas.

Em relação a isso, lhes direi que todo verdadeiro ocultista sabe que, inclusive as melhores coisas não são suficientes boas a fim de mandar ou nos governar; nada é suficientemente bom para que a alma se permita aferrar-se a algo até o ponto em que a referida coisa a governe, em lugar de ser a alma que governe a coisa.

É o que o ensinamento realmente diz:

"Evitar o apego, nisso os mestres ocultistas têm razão".

O desejo é um dono terrível. Varre os suportes da alma como o faria o fogo, deixando nada mais do que cinzas fumegantes.

Mas também, do mesmo jeito que o fogo, o desejo é um servidor esplêndido e com seu poder controlado podemos gerar o vapor da vontade e da atividade e alcançar grandes feitos no mundo.

Sem o adequado desejo, não haveria atividade no mundo. Portanto, não cometa o erro de rechaçar o desejo, nem tampouco deve rechaçar o fogo, mas em ambos os casos, deve manter o controle em suas próprias mãos, evitando que o referido controle passe de você ao desejo.

O desejo é a força motivadora que governa o mundo, ainda que em muitos casos não queiramos admiti-lo. Olhe ao seu redor e verá os efeitos do desejo em cada ato humano, seja este bom ou mau.

Como escreveu um conhecido autor:

> *Tudo o que fazemos, bem ou mal, é consequência de um desejo. Somos caritativos porque desejamos aliviar nosso mal-estar interno ante a visão dos que sofrem, por um desejo de simpatia, pelo desejo do respeito neste mundo, ou melhor, para assegurar-nos um lugar confortável no outro.*
>
> *Quando alguém é amável é porque deseja sê-lo, porque lhe satisfaz ser amável, enquanto que outro é cruel precisamente pelo mesmo motivo. Cumpre seu dever porque deseja fazê-lo.*
>
> *Procedendo assim, se obtém uma satisfação maior do que conseguiria com a negligência ou abandonando-se a desejos menos louváveis. A pessoa religiosa é assim porque seus desejos religiosos são mais fortes do que os profanos, porque obtém mais satisfação na religião do que seguindo objetivos mundanos. O homem moral é assim porque seus desejos morais são mais fortes do que os imorais, obtém mais satisfação sendo moral do que do contrário.*
>
> *Tudo o que fazemos é propiciado pelo desejo, de uma forma ou de outra seja, uma ação elevada ou baixa. O homem não*

pode carecer de desejos sem atuar. O desejo é a força motivadora subjacente a todos os nossos atos, é uma Lei Natural de Vida. Tudo, desde o átomo à gatinha, desde a gatinha ao inseto, desde o inseto ao homem, desde o homem à natureza, atua motivado pelo poder e a força do desejo.

O desejo é o motivo que tudo anima.

À primeira vista, a citação anterior parece que considera o homem tal qual uma simples máquina, sujeito ao poder de qualquer desejo que lhe venha à mente. Longe de ser assim.

O homem não atua respondendo a QUALQUER desejo, mas respondendo ao seu desejo mais forte, ou à média dos seus mais fortes desejos. Essa média dos seus desejos é o que constitui sua natureza ou seu caráter. E é aqui onde o domínio do «Eu» entra em ação.

O homem não necessita ser um escravo ou uma criatura de seus desejos, sempre que afirme seu domínio. Pode controlar, regular, governar e guiar seus desejos em qualquer direção que ele queira. Inclusive pode criar desejos mediante um ato de sua vontade.

Mediante o conhecimento das leis psicológicas pode neutralizar os desejos desfavoráveis e pode desenvolver, e, até criar novos desejos para que ocupem seu lugar.

Tudo isso de acordo com o poder da sua vontade, auxiliado pela luz da sua razão e seu juízo.

O homem é o dono da sua mente. "Sim", diria um dos meus críticos; "sim, isso é certo, mas, inclusive nesse caso, não é o desejo o motivo principal. Por acaso, não há então um desejo de criar esses novos desejos? Acaso não procede sempre o desejo da ação?".

Bom raciocínio, mas como todo ocultista avançado sabe, há um ponto em que o princípio do desejo se esfuma unindo-se a seu outro princípio companheiro, a vontade.

Qualquer analista mental pode imaginar um estado em que podemos quase dizer que se manifesta a vontade de exercer a vontade em lugar de simplesmente desejar exercê-la.

Este é um estado que há de se experimentar antes de entendê-lo. As palavras não podem expressá-lo.

Dissemos que o homem tem o poder de criar desejos, não somente de ser seu dono uma vez criados, mas realmente criá-los dando-lhes ser. É absolutamente certo e foi verificado e comprovado pelos mais recentes experimentos e descobertas da psicologia moderna.

Em lugar de ser o homem uma criatura do desejo e, em muitos casos é, pode se converter em dono do desejo e, inclusive, no criador do mesmo.

Por meio do conhecimento e da vontade pode-se reverter a ordem comum das coisas retirando o intruso do trono, pode sentar-se ele mesmo no lugar que lhe corresponde e logo colocar o último ocupante sob sua vontade e assegurar-se da sua obediência.

A melhor maneira de o novo ocupante do trono reorganizar a corte é afastar as velhas criaturas da sua mente e criar novas em seu lugar.

É assim como deve ser feito: em primeiro lugar, alguém deve pensar cuidadosamente as tarefas que quer executar, logo, utilizando cuidadosamente seu juízo de forma imparcial e impessoal até onde seja possível; deve ser consciente de si mesmo e ver em que pontos fraqueja em relação à tarefa que deseja realizar. Depois, analisará a tarefa que tem diante de si, separando o assunto em tantas divisões claramente definidas como seja possível, a fim de ser capaz de ver o assunto tal como é, tanto nos detalhes quanto na sua totalidade.

Deverá fazer o inventário das coisas que lhe pareçam necessárias para o cumprimento da tarefa, não dos detalhes, que surgirão logo que comece o trabalho do dia a dia, mas das coisas gerais que devem ser feitas a fim de que a tarefa chegue a uma conclusão com sucesso.

Depois de ter tomado consciência da tarefa, da natureza da empresa e das suas próprias qualidades e deficiências, então começará a criar o desejo conforme o seguinte plano: o primeiro passo na criação do desejo é formar uma imagem mental, clara e vital das qualidades, objetos e detalhes da empresa, assim também da totalidade da mesma.

Ao dizer "imagem mental" quero dizer um quadro mental claro na imaginação, não simplesmente os nomes das coisas. Não se engane ao ler a palavra imaginação. Esta é outra palavra da qual muitos têm uma ideia equivocada.

A imaginação é muito mais do que o inútil uso dessa parte da mente. De fato, o que muitos entendem por imaginação não é mais do que uma sombra do verdadeiro esforço imaginativo.

A imaginação é algo real, é a faculdade da mente mediante a qual é criada uma matriz, um molde, um padrão que depois a vontade treinada e o desejo se materializarão na realidade objetiva.

Não existe nada criado pelas mãos ou pela mente do homem que não tenha tido sua primeira origem na imaginação.

A imaginação é o primeiro passo na criação, quer se trate de mundos ou de bagatelas. O padrão mental precede sempre à forma material. E assim ocorre na criação do desejo. Antes que possa criar um desejo deve ter uma imagem clara do que necessita desejar.

Verá que a tarefa de criar uma imagem mental é um pouco mais difícil do que se crê. Verá que é difícil inclusive formar um simples quadro mental daquilo que necessita. Mas, não se desanime e seja perseverante, pois nisso, como em qualquer outra coisa, a prática faz o mestre.

Cada vez que procure formar uma imagem mental, esta surgirá um pouco mais clara e mais precisa e os detalhes irão tomando mais proeminência.

Não se canse demais no começo, deixe a tarefa para mais tarde ou para amanhã. Mas pratique-a, pois deve obter uma imagem tão clara quanto a recordação de algo que viu.

Nos próximos capítulos, abordaremos mais acerca da visualização mental e da imaginação. Após ter conseguido uma imagem mental clara das coisas que deseja alcançar, deverá focar nela.

A palavra atenção deriva-se do latim "attendere", que significa "esticar para diante".

A ideia original subjacente na atenção mental é "esticar-se para diante" ou "estender-se até o objeto da atenção" e esta é a ideia correta, pois essa é a maneira como a mente funciona neste assunto.

Mantenha as ideias ante sua atenção tanto tempo quanto possa para que a mente as capte e chegue a torná-las parte de si mesma.

Ao fazê-lo, imprima com firmeza essas ideias sobre a planilha encerrada em sua mente.

Assim, tendo concluída claramente a ideia em sua mente através da imaginação e da atenção, essa se tornará fixa ali, então deverá cultivar o ardente desejo, o anelo, a necessidade de que essas coisas se materializem.

Peça para que se desenvolvam em você as qualidades necessárias para a tarefa, peça para que seus quadros mentais se materializem. Peça para que os detalhes se manifestem de forma total, permitindo que algo melhor, que sem dúvida surgirá, ocupe o lugar do que havia antes.

Enquanto está neste processo, a consciência interna se ocupará destes assuntos por você. Portanto, deseje com firmeza, confiança e seriedade.

Não seja tíbio nas suas petições e desejos. Peça e exija o assunto completo e tenha confiança de que este achará seu caminho para a realidade material objetiva.

Pense nele, sonhe com ele e sempre o anele, pois terá de aprender a querer da pior forma, aprender a querê-lo com suficiente força.

Querendo com suficiente força, obterá e alcançará muitas coisas.

O problema é que a maioria de nós não deseja as coisas com força suficiente. Confundimos vagos anelos e desejos com um desejo sério, anelante e exigente.

Exija a coisa desejada como exige e deseja sua comida diária. Isso significa querer da pior maneira.

Tudo isso não passa de sugestões, sem dúvida poderá encontrar seu caminho sempre que for necessário e o deseje com suficiente força.

A LEI DE ATRAÇÃO

Na natureza existe uma grande Lei, a Lei de Atração, por cujo funcionamento todas as coisas, desde os átomos até as pessoas, são atraídas umas para as outras conforme o grau de afinidade, de semelhança ou de utilidade entre elas.

O reverso desta Lei, que não é senão outra manifestação do seu poder, é o que se chama repulsão, que não é mais do que o outro polo da atração, e com seu funcionamento as coisas tendem a se repelir mutuamente no grau em que sejam distintas, opostas e sem utilidade uma para a outra.

A Lei de Atração é universal em todos os planos da vida, desde o físico até o espiritual. Seu funcionamento é uniforme e constante, pelo que podemos tomar os fenômenos de um plano e por eles estudar os fenômenos de outro plano, já que em todos os casos se aplica a mesma regra, é a mesma Lei e funciona do mesmo modo.

Começando pelos corpos diminutos, os elétrons e os íons, que formam os átomos, encontramos manifestada a Lei de Atração: certos elétrons atraem-se e outros se repelem, gerando a formação de grupos, combinações e colônias de elétrons os quais começam a constituir o que chamamos átomos, que até recentemente se pensou que fossem a unidade básica da matéria.

Quanto aos átomos, mesmos, achamos muitos graus de afinidade e atração entre eles, o que faz com que se combinem, formando moléculas, que é o que compõe toda a matéria. Por exemplo, cada gota de água se compõe de infinitas moléculas de água e cada molécula está composta de dois átomos: hidrogênio e oxigênio.

Esta combinação é sempre a mesma em qualquer molécula de água. Por que se combinam estes átomos deste modo e nesta proporção invariável? Sem dúvida não é por acaso, pois tal coisa não existe na natureza.

Por trás de todo fenômeno há uma lei natural e neste caso é a Lei de Atração. O mesmo ocorre com toda combinação química, é o que chamamos de afinidade química.

Às vezes, um átomo que já faz parte de um grupo entra em contato, por proximidade, com outro átomo, é quando, então, se produz uma explosão na molécula, quando o átomo escapa dos seus companheiros para ir aos braços de outro átomo, com o qual sente uma afinidade ainda maior. Verá que, também no mundo dos átomos há casamentos e divórcios.

Em relação às moléculas, viu-se que algumas delas são atraídas para outras do seu mesmo tipo seguindo o que se chama de Coesão, e assim se formam as massas de matéria.

Um pedaço de ouro, de prata, de latão, de cristal ou de outro tipo de matéria é composto por inumeráveis moléculas unidas pela coesão e essa coesão é simplesmente outra forma da Lei de Atração. A mesma Lei que faz com que as coisas se juntem.

Subjacente à Lei de Atração, acharemos nosso velho princípio de desejo e vontade. Talvez dê de ombros ao ver que menciono o desejo e a vontade conectados com elétrons, átomos e moléculas, tudo isso, formas de matéria, mas espere um momento e verá o que autoridades científicas dizem a respeito. Inclusive o professor Hakel, um dos maiores cientistas do mundo e totalmente materialista, naturalmente prejudicado e indo contra as teorias espiritualistas, declarou: "A idéia da afinidade química consiste no fato de que vários elementos químicos percebem as diferenças qualitativas em outros elementos, experimentam prazer ou repulsa ao contato com eles e com base neles realizam movimentos concretos".

Também afirmou claramente que nos átomos deve haver algo correspondente ao desejo de contato e associação com outros átomos, e a vontade de permitir que o átomo responda à lei do desejo, constante na natureza desde o átomo ao homem em nível físico, mental e espiritual.

E o que tem a ver tudo isso com o segredo do sucesso? Se perguntará. Simplesmente que a Lei de Atração é uma parte importante do segredo do sucesso, sobretudo porque tende a trazer para nós as coisas, as pessoas e as circunstâncias de acordo com nosso mais sério desejo, demanda e vontade, do mesmo modo que os átomos atraem uns aos outros e outras partículas da matéria.

Converta-se em um átomo de desejo vivo e atrairá para si as pessoas, as coisas e as circunstâncias necessárias para alcançar o cumprimento do seu desejo. Ao mesmo tempo entrará em contato com aqueles que estão trabalhando conforme as mesmas linhas de pensamento, e será atraído por eles e eles por você, e entrará em relação com pessoas, coisas e entornos que possibilitarão a solução do problema dos seus desejos. Sem saber como, estará próximo das pessoas e das coisas adequadas, e tudo devido ao funcionamento desta grande lei natural, a Lei de Atração.

Aqui não há nada de magia ou necromancia, nada sobrenatural nem misterioso, simplesmente é o funcionamento de uma grande lei natural.

Na vida, você sozinho pode fazer muito pouco, por mais forte e capaz que seja. A vida é complexa e os indivíduos, nós, somos interdependentes.

Um indivíduo, segregado dos demais, pode alcançar pouco ou nada. Deverá formar combinações, conciliações, harmonias e acordos com outros e conforme o meio e as coisas, isto é, deverá criar e utilizar os entornos e as coisas adequadas e atrair para si os outros, com quem formará combinações a fim de poder fazer coisas. Essas pessoas, coisas e ambientes chegarão a ele, ou ele a ela, devido a essa grande Lei de Atração. E a forma como o homem põe em andamento essa grande Lei de Atração é através do seu desejo seguindo o delinear da imaginação ou visualização mental.

Vê agora a conexão? Por isso, tome muito cuidado ao formar, cultivar e manifestar os desejos corretos.

Mantenha-os com firmeza, força e constância e assim porá em funcionamento essa grande Lei que constitui uma parte muito importante do segredo do sucesso.

A força do desejo é o poder que motiva as atividades da vida. É a força vital básica que anima a mente das coisas vivas e as impele à ação. Sem um forte desejo não se consegue nada que valha a pena, e quanto maior o desejo, maior será a quantidade de energia gerada e manifestada, sempre que tudo o mais permaneça inalterado.

Quer dizer que se temos uma dezena de pessoas de igual inteligência, saúde física e atividade mental, todos eles iguais em tudo, exceto em seu desejo, aqueles nos quais o desejo for maior, esses superarão os demais nos seus objetivos e entre os ganhadores; aquele cujo desejo queime como uma chama inextinguível será o que vai dominar os demais, graças à sua força elementar primitiva.

O desejo não confere somente ao homem essa motivação interna que o leva a desenvolver o poder que tem em seu interior, mas faz muito mais. Faz com que irradiem desde as forças sutis e finas de natureza mental que, estendendo-se em todas as direções, como as ondas magnéticas de um ímã ou as elétricas de um dínamo, influenciam todo aquele que esteja dentro do seu campo de força.

A força do desejo é uma força da natureza real, ativa e efetiva e serve para atrair e levar até o centro do que está em linha com a natureza do desejo.

A Lei de Atração, de que tanto se falou, depende, em grande parte, da força e do poder do desejo.

A força do desejo constitui o núcleo da Lei de Atração.

Na natureza, existe a tendência de atrair e levar para o centro do desejo as coisas necessárias para alcançar o referido desejo.

Nossa própria vontade vem a nós por causa desta força natural que subjaz em todo fenômeno da influência mental. Sendo assim, não está claro por que alguém que deseja alcançar algo deve assegurar-se de criar um forte desejo por ele e ao mesmo tempo assegurar-se de dominar a arte da visualização, a fim de formar uma clara imagem mental da coisa desejada, um molde claro em que a realidade material possa manifestar-se?

Teve alguma vez contato com algum grande homem de negócios?

Se alguma vez viu um deles em ação, deu-se conta de que ao redor dele há algo sutil e misterioso, algo que se sente, algo que parece atraí-lo e acoplar-se aos seus esquemas, seus planos e seus desejos, quase por uma força irresistível.

Estas pessoas todas possuem o mais forte tipo de desejo.

A energia do seu desejo manifesta-se com força e afeta a todos aqueles com os quais entra em contato. E não só isso, mas a força do seu desejo flui deles em grandes ondas que os ocultistas nos dizem que se manifestam com um movimento circular ou espiral ao redor do centro do desejo.

Estas pessoas convertem-se em verdadeiros ciclones de desejo, sendo que quase tudo que entra em contato com elas é afetado e aspirado para o vórtice.

Temos evidência disso nos grandes líderes. Podemos ver como a Lei de Atração deu-lhes o que mais desejavam.

Podemos chamar isso de "poder da vontade" e, de certo modo assim é, mas atrás e abaixo da vontade encontraremos sempre um ardente desejo que é a força que motiva todo o seu poder de atração.

Esta força do desejo é algo elementar e primitivo. Podemos vê-la no reino animal e entre as raças humanas inferiores, talvez mais claramente do que entre os tipos humanos mais elevados, mas somente porque, em tais circunstâncias, ela se mostra desprovida dos disfarces e das máscaras que envolvem as formas e planos de vida mais civilizada.

Lembre-se, porém, que o mesmo princípio que se manifesta nas polidas formas de vida civilizada é o que encontramos no homem das cavernas, que despido e iracundo corre atrás dos seus inimigos, aniquilando-os tais quais moscas.

Antigamente, o desejo manifestava sua força no plano físico, agora o faz no plano mental. Esta é a única diferença, a força é a mesma em ambos os casos.

Enquanto escrevo este livro levo a público uma obra que ilustra esse princípio. A protagonista, filha em uma antiga família nova-iorquina de elevado nível social e econômico. Sonha que em uma encarnação anterior se vê arrancada dos braços do seu pai, cavernícola, pelos braços de um chefe feroz e selvagem, cujo desejo se manifesta no físico.

Quando desperta, horrorizada, descobre que o rosto do seu raptor sonhado é o de um homem que entra em relação com seu pai em Nova Iorque.

Essa pessoa havia chegado do Oeste com energia, recursos e desejos, derrubando quanto interferisse em seu caminho no mundo das finanças.

Não pisa o pescoço dos inimigos, mas, sim, o faz no plano mental.

O desejo de poder é mesmo muito forte em seu íntimo, o mesmo velho domínio se manifesta nele.

O homem diz:

"*Eu nunca abandonei, nunca tive medo*".

O mesmo desejo que inflamava o selvagem manifesta-se agora no financista de Wall Street e entre a força da sua atração e a força da sua vontade repete os logros da sua encarnação anterior, mas desta vez, no plano das forças mentais.

Agora, o instrumento pelo qual manifesta o desejo é a mente em lugar dos músculos.

Dou este exemplo simplesmente a título de ilustração de que o desejo é a força que leva a vontade a atuar e que é a causa das diversas atividades da vida do homem.

A força do desejo é uma força real que influencia e impele outras pessoas e coisas a girarem para o centro do desejo.

No Segredo do Sucesso, o desejo desempenha um papel proeminente. Sem um desejo de sucesso não há sucesso. A Lei de Atração é posta em funcionamento pelo desejo.

A maioria dos princípios plasmados neste livro tem natureza positiva, quer dizer, anima-o a fazer certas coisas, em lugar de não fazer o proposto ou o contrário, mas aqui chegamos a um ponto em que o conselho deve dar-se em um contexto negativo.

Devo pedir-lhe que não faça certa coisa, vou referir-me ao grande veneno da mente e da vontade que é conhecido por Medo.

Não me refiro ao medo físico, por importante que seja o valor físico e por lamentável que se considere a covardia física, pois não faz parte do propósito deste livro pregar sermões contra a segunda ou animar a cultivar a primeira qualidade. A esse respeito, encontrará muito em outros lugares.

Meu propósito aqui é combater esse sutil e insidioso inimigo da verdadeira autoexpressão, que aparece na forma de medo mental, encarnando o que podemos considerar como pensamento negativo, exatamente igual aos demais princípios mencionados nesta obra como a expressão do pensamento positivo.

O medo é essa situação da mente em que tudo se vê através de cristais negros, em que tudo parece trazer-nos um sentido de inutilidade, em que o princípio que predomina é "não posso" em contraste com a atitude mental do "posso e quero".

É a erva nociva do jardim da mente, que tende a matar as valiosas plantas que nele se encontram.

É a mosca no azeite, a aranha no copo de vinho da vida.

Até onde sabemos, a primeira pessoa a usar a expressão "medo mental" foi Horácio Fletcher, conhecido escritor que o alcunhou para usá-la em lugar da palavra "preocupação". Ele mesmo registrou que a ira e a preocupação são os dois maiores "handicaps" para alcançar uma mentalidade avançada e progressiva.

Muitos poderão interpretá-lo mal, acreditando que, ao eliminar a preocupação deixarão de se preocupar, ou seja, uma falta de prudência e de previsão.

Fletcher alcunhou também a expressão "medo mental" para expressar um aspecto da sua ideia de "previsão sem preocupação" e assim intitulou seu segundo livro sobre este tema.

Também Fletcher foi o primeiro a dar a ideia de que o medo não é algo em si mesmo, mas uma expressão do pensamento de medo, uma manifestação do estado mental conhecido por pensamento de medo.

Ele e outros que escreveram acerca desse tema, ensinam que o medo pode anular-se, anulando-se os pensamentos de medo na mente, arrancando-os da câmera mental.

Os grandes mestres ensinaram que a melhor maneira de expulsar o medo (ou qualquer outro estado mental indesejável) é cultivar na mente o pensamento da qualidade oposta, impelindo a mente até o quadro mental da qualidade desejável e com as autossugestões apropriadas.

É comum se dizer que a forma de tirar a escuridão de uma casa não é empurrá-la para fora, mas abrir as janelas e deixar que a luz do sol penetre nela. Essa é também a melhor maneira de neutralizar os pensamentos de medo.

Falou-se do processo mental como vibrações, uma figura muito comum na ciência moderna. Assim, elevando-se a vibração a um nível positivo, neutralizam-se as vibrações negativas.

Cultivando-se as qualidades recomendadas em outros capítulos deste livro, o pensamento de medo neutraliza-se.

O veneno do pensamento de medo é insidioso e sutil e lentamente vai se acumulando nas veias até paralisar todo esforço e todo ato útil, até que o coração e o cérebro vejam-se afetados e não possam expulsá-lo.

Os pensamentos de medo formam a base da maioria dos fracassos e da decadência na vida. Enquanto o homem mantenha sua confiança em si mesmo será capaz de pôr-se em pé depois de cada tombo e afrontar o inimigo com resolução, mas enquanto o pensamento do medo o afete e não for capaz de arremessá-lo para longe, não conseguirá se levantar e perecerá na desgraça.

É normal ouvir, às vezes, que não se deve ter medo de coisa alguma, a não ser do próprio medo.

Tratei em outro ponto acerca da Lei de Atração, que funciona atraindo a nós aquilo que mais desejamos. Porém, nisso existe uma face inversa, pois é uma Lei que funciona em ambos os sentidos.

O medo põe em movimento a Lei de Atração tanto quanto o desejo. Do mesmo modo que o desejo atrai a nós as coisas cuja imagem criamos em nossa mente, atrai também aquilo que nosso medo, igualmente, desenha na mente.

Ocorreu-me o que eu mais temia. A razão é muito simples e a aparente contradição desvanece se examinamos o assunto. Qual é o padrão sobre o qual a Lei de Atração constrói com a força do desejo? A imagem mental, sem dúvida. Ocorre exatamente igual no caso do medo: a pessoa confecciona a imagem mental da coisa temida e a Lei de Atração a atrai para si, do mesmo modo como lhe traz a coisa desejada.

Pensou alguma vez que o medo seja o polo negativo do desejo?

A Lei em exercício é a mesma. Assim, evita os pensamentos de medo como um veneno que sabe que converterá seu sangue em algo escuro e espesso e que fará com que sua respiração seja custosa e difícil.

É algo vil e não deve descansar até desterrá-lo do seu sistema mental. Pode liberar-se dele por meio do desejo e da vontade, ao mesmo tempo em que mantém uma imagem mental de valentia e tranquilidade.

Dizem que o maior mal é o medo, assim, mande esse mal ao lugar que lhe corresponde, pois se você o acolhe com hospitalidade, converterá o seu céu em um inferno, a fim de se sentir à vontade. Aplique nele o garrote mental.

MAGNETISMO PESSOAL

Atualmente, fala-se muito de magnetismo pessoal. Trata-se de uma qualidade da mente individual que serve para levar outras pessoas ao humor ou ao estado mental em simpatia com o da pessoa magnética.

Alguns conseguem desenvolver essa qualidade até a um extremo inimaginável. São capazes de conseguir um acordo harmônico por parte dos demais em tempo muito breve, enquanto outros são totalmente deficientes a respeito, e sua simples presença tende a estimular o antagonismo nas mentes dos outros.

A maioria aceita, sem questionar, a ideia do magnetismo pessoal, mas poucos ficariam de acordo numa teoria que trate de explicá-lo.

Os que estudaram o assunto, cuidadosamente, sabem que tudo depende do estado mental do indivíduo e da sua capacidade para fazer que outros captem suas vibrações mentais.

Esse "captar" é causado pelo que se conhece por indução mental. Como sabe, a indução é a propriedade ou qualidade pela qual um corpo com polaridade elétrica ou magnética a reproduz em outro, sem qualquer contato com ele.

A indução mental é a manifestação de um fenômeno similar, mas em plano mental.

Os estados mentais das pessoas são contagiosos e se alguém infunde suficiente vida e entusiasmo em seus estados mentais, estes estados afetarão as mentes das pessoas com as quais entre em contato.

Explicamos isso com mais detalhe no livro desta série, intitulado **Influência Mental**.

O primeiro passo para conseguir uma indução mental de sucesso ou a manifestação do magnetismo pessoal é o entusiasmo.

Em outro capítulo, falei a respeito do entusiasmo e ao tratar do magnetismo pessoal, seria bom que lesse o que anteriormente foi dito acerca do entusiasmo.

Entusiasmo dá seriedade à pessoa e não há estado mental tão efetivo quanto a seriedade.

A seriedade faz com que a pessoa se sinta forte e fará com que os demais lhe prestem atenção, ainda que não queiram.

Walter Moody, conhecido escritor sobre o tema de Vendas, disse com razão:

> *Sabe-se que todo aquele que possui magnetismo pessoal, tem também seriedade. Sua intensa seriedade é magnética.*

Qualquer estudante deste tema comprovará este fato.

Esta seriedade, porém, é algo mais do que uma sincera, firme e confiada crença no assunto que apresenta à atenção da outra pessoa. Deve ser uma seriedade viva e contagiosa, e a palavra que mais bem a descreve é entusiasmo. Seriedade entusiasta seria a expressão adequada.

Esta seriedade contém nela muita emoção e atrai para o lado emocional da natureza humana mais do que para seu lado razoável e pensante.

Entretanto, uma discussão com base na razão e conduzida sobre princípios lógicos pode apresentar-se, também, com seriedade entusiasta, com o que conseguirá um efeito infinitamente maior do que se levar a termo, apelando ao juízo da outra pessoa de uma forma fria e sem emoção.

O ser humano está constituído mentalmente de tal forma que toda manifestação de um entusiasmo vivo, em forma de magnetismo pessoal, rompe facilmente o gelo.

O lado sensível da mente é tão importante quanto o lado pensante e é muito mais universal, pois a maioria das pessoas geralmente pensa muito pouco, enquanto que todo mundo sente.

Dizia um famoso autor:

> *Todos nós emitimos uma esfera, uma aura ou halo impregnado com nossa essência. Os videntes e as pessoas sensíveis sabem disso, como também nossos cães e outros animais. Também o leão e o tigre, inclusive moscas, serpentes e insetos, como já sabemos.*

Entre nós, há alguns que são magnéticos, outros não.

Alguns de nós somos calorosos, atraentes, inspiramos amizade e amor, enquanto outros são frios, intelectuais, calculistas e pensantes, mas não magnéticos.

Se um pensador falar em público, seu discurso intelectual logo aborrecerá a audiência, que começará a manifestar sintomas de sono. Falará a eles, mas não ao seu interior.

Talvez os faça pensar, mas não sentir, o que é exaustivo para a maioria das pessoas.

São poucos os conferencistas que conseguem que as pessoas pensem. O que se deseja é que se lhes faça sentir.

Pagarão com prazer a quem os faça sentir ou rir, enquanto que outros discutirão um centavo para pagar uma conversa que os faça pensar.

Se no lugar da instruída pessoa que mencionamos temos alguém com muito menos ciência, mas amável, madura e suave, com menos da metade da lógica e da erudição que a anterior, veremos como esse homem leva a multidão para onde ele quiser com toda facilidade, e todos estarão totalmente despertos, valorizando e agradecendo cada palavra que sair dos seus lábios.

Os motivos são claros. É o coração em lugar da cabeça. A alma em lugar da lógica. E sempre será ele mesmo quem ganha.

Verão que todo homem e mulher que são considerados muito "magnéticos", quase invariavelmente são pessoas que possuem o que chamamos de "alma", isto é, que manifestam e induzem, nos demais, sentimentos ou emoções.

Manifestam traços de caráter e natureza similares aos dos atores e atrizes.

Mostram uma parte de si mesmos, que parece afetar a quem entre em contato com eles.

Se reparar em um ator carente de magnetismo, verá que ainda que recite perfeitamente seu papel, faça todos os gestos adequados e domine toda a técnica da arte, sempre lhe faltará algo e esse algo será a habilidade para comunicar sentimentos.

Os que conhecem o segredo percebem que os atores mais bem-sucedidos parecem arder com paixão, sentimento e emoção sob o cenário. Realmente, sentem muito pouco dessas qualidades enquanto atuam, na realidade são como fonógrafos, que emitem sons previamente registrados neles.

Se investigarmos, porém, mais profundamente, veremos que ao estudar seus papéis e praticar em particular, esses atores induzem e estimulam a emoção requerida para o papel e a mantém com firmeza em suas mentes, acompanhada de gestos apropriados, até que finalmente se estabelece e se imprime em sua mente tais quais os registros de um fonógrafo impressos no ouvido.

Depois, quando interpretam seu papel, a aparência externa dos sentimentos, das emoções, dos gestos, da ênfase etc., impressionam o auditório.

Dizem que se um ator se deixa levar a si mesmo pelo papel da forma como o sinta no seu interior, o resultado não será bom, pois, ao ser vencido pelo sentimento o efeito do mesmo repercute nele, em lugar de afetar o público.

O melhor resultado obtém-se quando alguém experimentou e sentiu, primeiramente, a emoção e logo a reproduz ao exterior sem permitir ser controlado por ela.

Menciono esses fatos para aqueles que não possuem naturalmente a faculdade do magnetismo pessoal em grau necessário.

Estas pessoas verão que é mais interessante trabalhar o sentimento desejado com seriedade, ser entusiasta em particular, gravando a impressão por meio de ensaios e práticas repetidas até que consiga registrá-lo no seu "hábito mental", para reproduzi-lo posteriormente, quando a ocasião assim o requerer.

Meu conselho em casos assim é a prática, o ensaio frequente que tornará o estudante um bom ator. É muito melhor ser capaz de induzir sentimento e entusiasmo desta forma do que não ser capaz de fazê-lo em absoluto; Se puder, ser entusiasta racional sem cair em emotividade sentimental tola.

Penso que o estudante cuidadoso verá o que quero dizer aqui e não me interpretará mal. Lembre-se de que mediante esta atuação repetida a qualidade desejada se converterá em real e natural.

UMA PERSONALIDADE ATRAENTE

No capítulo em que tratávamos da singularidade, dizíamos que o que conhecemos como personalidade não é o "Eu" real do indivíduo, senão que esta forma a aparência externa, uma espécie de "Eu" secundário.

Como disse, a palavra personalidade realmente significa máscara, quer dizer, a aparência externa do indivíduo representando o seu papel no grande drama da vida. E, do mesmo modo que o ator pode mudar sua máscara e suas roupas, assim também pode o indivíduo alterar e mudar sua personalidade, se encontrar outras características mais desejáveis.

Contudo, ainda que a personalidade não seja o "Eu" real, desempenha papel importante no drama da vida, especialmente porque o auditório estará mais atento à personalidade do que a que faz o indivíduo real que se oculta atrás da máscara.

Por isso, é adequado que o indivíduo cultive e adquira uma personalidade que resulte atraente ao seu auditório e que o converta em aceitável para eles. Não, não estou prejudicando o engano.

Consideramos que a individualidade ou singularidade significa ser verdadeiro, e acreditamos que a pessoa deva se desenvolver, a si mesma, o máximo que puder seguindo as leis do desenvolvimento individual.

Não basta levarmos certa personalidade nesta vida, mas temos a obrigação de fazer que esta personalidade seja tão agradável e atraente quanto seja possível.

Sabe-se que o homem e a mulher, por mais bondosos, inteligentes e elevados que possam ser, se trouxerem a máscara de uma personalidade desagradável ou pouco atraente estarão em desvantagem e afastarão pessoas que poderiam beneficiá-los e que estariam encantadas por amá-los, se pudessem vê-los através de suas feias máscaras.

Ao falar de máscaras desagradáveis ou pouco atraentes tampouco estamos falando da aparência física da pessoa, ainda que o aspecto físico, em alguns casos, tenha muito a ver. Há um encanto na personalidade que transcende em muito a aparência física.

Há pessoas com rostos e formas belas cujas personalidades distam muito de serem atraentes e que em lugar de atrair, repelem. Outros, no entanto, cujos rostos distam muito de serem perfeitos. Não obstante, existe algo neles que atrai os demais.

Existem pessoas com as quais sempre nos alegramos em ver e cujo encanto nos faz esquecer de que não são belas de fato, inclusive seus rostos pouco harmônicos parecem transfigurar-se quando estamos em sua presença. É a isso que me refiro ao falar de personalidade.

O sentido em que estou utilizando este termo, como poderá ver, tem uma estreita relação com o magnetismo pessoal de que tratávamos no capítulo anterior.

Uma das primeiras coisas que alguém deveria cultivar, se deseja desenvolver o encanto de sua personalidade, é uma atmosfera mental de alegria. Não há nada tão estimulante quanto a presença de uma pessoa alegre e nada tão deprimente quanto um desses vampiros humanos que geram um calafrio em todos aqueles com quem entram em contato.

Pense nos seus conhecidos e verá que automaticamente os cataloga em dois tipos: os alegres e os deprimidos.

João Alegre sempre é preferível a Paulo Deprê.

Ao primeiro se lhe dá sempre as boas-vindas, enquanto que do outro se foge.

Os japoneses entendem perfeitamente esta lei da personalidade, e uma das primeiras coisas que ensinam às crianças é manter um exterior alegre, independentemente de seu coração estar destroçado. Consideram que uma das maiores demonstrações de falta de educação é mostrar aos demais suas penas, sua tristeza e sua dor. Essa face eles reservam para a privacidade nos seus momentos particulares, enquanto que ao mundo exterior se apresentam sempre com um sorriso feliz e luminoso. Nisso são sábios por várias razões:

1. Ao atuar assim incluem em si mesmos uma atitude mental mais alegre e positiva.
2. Atraem pessoas e coisas alegres graças à Lei de Atração.
3. Deste modo apresentam aos demais uma personalidade atraente, com que são aceitos por eles, seja quando se trata de amizades ou companheiros de trabalho.

Os tristes costumam resultar pouco atraentes e são evitados tal qual uma doença. Todos nós já temos bastantes problemas sem precisar aumentá-los com os demais. Lembre-se deste antigo ditado:

Ria e o mundo rirá com você. Chore e chorarás só.

Esta velha Terra precisa de alegria. Já tem pesares suficientes. Assim, cultive o sorriso, é um valioso bem da personalidade. Não a careta forçada e falsa, mas um sorriso que signifique algo, algo real. Esse sorriso deve vir do interior. Não é algo superficial. Se necessitar de um padrão verbal acerca de como modelar o estado mental que produza essa aparência externa da personalidade, pode usar este: *Brilhante, Alegre e Feliz.*

Emoldure e pendure-o em um lugar importante da sua galeria mental. Comprometa-se a memorizá-lo e a visualizá-lo a fim de que seja capaz de vê-lo diante de si como um cartão iluminado: *Brilhante, Alegre e Feliz.* Depois, procure materializar esta ideia dentro da sua mente. Pense e atue sobre ela. Rapidamente, verá que para você já é real. Então, já terá algo que valha a pena em sua personalidade.

Talvez tudo isso lhe pareça pueril, mas se trabalhar nisso, verá que tem um valor incalculável, independente do caminho que siga na vida.

Outro ponto a se levar em consideração com relação à personalidade é a autoestima. Se tiver verdadeira autoestima, isso se revelará no seu comportamento exterior, assim também em seu aspecto. Se não tem, deverá começar a cultivar uma aparência de autoestima e logo lembrará de que é um HOMEM ou uma MULHER e não um pobre verme que se arrasta na poeira.

Enfrente o mundo firmemente sem medo, mantendo seu olhar à frente.

Levante a cabeça! Para enfrentar o mundo não há nada melhor do que uma coluna reta e uma cabeça levantada. Quem mantém a cabeça inclinada parece pedir perdão por viver e estar na Terra, e o mundo sem dúvida captará esta impressão.

Uma cabeça ereta permitirá transpassar sem problemas os dragões que custodiam a porta do sucesso.

Um conhecido escritor dá o seguinte conselho a esse respeito:

> *Mantenha os lóbulos das suas orelhas diretamente sobre seus ombros, de forma que um prumo pendurado delas descreva a linha do seu corpo. Assegure-se de não levar a cabeça inclinada nem à esquerda, nem à direita, mas vertical. Muitos cometem este erro, especialmente quando esperam que um cliente termine o que está fazendo antes de atendê-lo, costumando inclinar a cabeça para um lado. Isto é um sinal de debilidade. Numerosos estudos mostram o fato de que as pessoas fortes nunca inclinam a cabeça. Sua cabeça permanece perfeitamente reta sobre seu forte pescoço. Os ombros relaxados, mas firmes, inspiram força e equilíbrio. Em outras palavras, todas as linhas do seu corpo indicam o pensamento do seu dono.*

O valor deste conselho reside não apenas no fato de que se dá a aparência de autoestima, mas também em que tende a cultivar o estado mental correspondente em seu interior. Pois, do mesmo modo que o pensamento se converte em atos, assim também os atos geram estados mentais. É uma regra que funciona em ambos os sentidos. Procure manter a autoestima e atuar com autoestima. Deixe que o *EU SOU* que há no seu interior se manifeste. Não se arraste, pois você é um verdadeiro ser humano.

Outro aspecto da personalidade que vale a pena cultivar é a arte de interessar-se pelos demais. Muitos passam pelo mundo tão embebidos nos seus próprios assuntos que dão a impressão que estão separados dos outros com os quais se relacionam.

Este estado mental manifesta uma forma muito desagradável de personalidade. Tais pessoas são consideradas não somente frias e sem coração, e alma, elas também expressam traços de dureza e egoísmo em sua personalidade. Os demais se sentirão inclinados a se afastarem delas, deixando-as com seus modos e estado mental egoísta.

Uma pessoa assim nunca será popular. Nunca será estimada pelos demais. Interessar-se pelos outros é uma arte muito rentável para o estudante do Sucesso.

Naturalmente, alguém sempre parecerá frente a ele como o mais importante e não permitirá que seus próprios interesses saiam prejudicados devido ao interesse que mostra pelos interesses dos demais, o que não é necessário dizer, pois todo altruísmo irracional não é mais do que outra face do egoísmo.

Há, porém, um ponto de equilíbrio. Em todos aqueles com os quais entre em contato, encontrará um ponto de interesse e se focar sua atenção nesse interesse, este se manifestará de tal forma que a pessoa será consciente disso, o apreciará e responderá com alegria, interessando-se, por sua vez, em você. Não há engano algum nisso, nem servidão, nem hipocrisia, trata-se simplesmente da Lei da Compensação funcionando no plano mental.

Se você pensar por um momento, verá que as pessoas cuja personalidade acha muito atraente são, precisamente, aquelas que parecem interessar-se pela sua própria personalidade. Esse interesse pelos demais se manifesta de muitas maneiras, uma delas é aprender a ouvi-los.

Não significa se converter em receptor de todas as falas de todos aqueles com os quais entre em contato, neste caso, não teria tempo para nada mais. Aqui também deverá fazer uso do juízo e do tato, a fim de regular o tempo que concede aos demais, dependendo da pessoa e das circunstâncias particulares do caso.

O que quero dizer é que quando ouve o outro, deve ouvi-lo bem. Não há educação mais sutil do que ouvir atentamente a outra pessoa. Ouvir devidamente é ouvir com interesse e isso é algo que não pode ser ensinado em livro. Talvez a melhor maneira de expressá-lo é dizer: *Ouça, como gostaria que o ouvissem*.

Esta regra de ouro pode ser aplicada em muitas situações e para muitas ideias e sempre gera bons resultados.

O homem que sabe ouvir, ganha o respeito daqueles aos quais ouve. Isto me lembra sempre a velha história de Carlyle, quem, como todos sabem, tinha a fama de ser um velho brusco e malfalado, sempre inclinado a emitir observações sarcásticas e a tratar rudemente a todos aqueles que conversavam com ele.

Diz a história que uma vez entabulou conversa com um homem que dominava a arte de ouvir. Esta pessoa levou à conversa o tema que ele sabia que agradava a Carlyle e permaneceu tranquilo, ouvindo-o com atenção. Carlyle ficou falando durante várias horas, entusiasmado com o tema. Quando finalmente o visitante levantou-se para sair, teve que forçar para separar-se de Carlyle, que, seguindo-o até a porta, manifestou um entusiasmo e um bom humor pouco frequente nele. Ao despedir-se, disse-lhe com simpatia: *Volte logo para me ver, quero que venha com frequência, pois tem uma mente de fato brilhante e aproveitei muito da sua conversa. Tem uma conversa muito amena.*

Tenha cuidado em não aborrecer os outros com suas experiências pessoais. Mais vale que, ao falar com os demais, se esqueça dos seus assuntos pessoais, salvo quando for adequado destacá-los para brilhar.

As pessoas não querem ouvir o quanto maravilhoso você é, pelo contrário, desejam fazê-lo ver o quanto eles são maravilhosos. Isso se torna muito mais agradável a eles.

Não critique seus inimigos, nem declare suas boas qualidades.

Não conte como seus filhos são maravilhosos, as outras pessoas já têm os seus próprios.

Trate de falar de assuntos que interessem a outra pessoa.

Esqueça-se de si e demonstre interesse em outros.

Os melhores comerciantes asseguram para seus vendedores o benéfico resultado de dar ao cliente a impressão de que está do seu lado, inclusive de que está do outro lado da situação, quer dizer, que tem interesse especial em se assegurar que o cliente seja adequadamente servido, que seja bem tratado e que fique satisfeito.

O vendedor que é capaz de criar esta impressão já está muito avançado no caminho do Sucesso. Tudo isso é algo difícil de se escrever, mas um pouco de observação, de reflexão e de prática acerca do que foi indicado nos capítulos anteriores, irá ajudá-lo muito neste sentido.

A respeito desse tema, disse um conhecido autor:

> *Suponha, por exemplo, que sendo comerciante profissional, deseje aumentar seu negócio. Seja de vendas ou de serviços, considerar o assunto como uma mera e fria transação, recebendo o dinheiro do cliente e dando-lhe o objeto da compra, deixando que se vá com a sensação de que não tem nenhum interesse nele, além de obter um benefício, com o passar do tempo, lhe prejudicará. Salvo se o cliente sente que realmente*

> *se interessa nele e nas suas necessidades e que sinceramente deseja melhorar seu bem-estar, a transação será um fracasso e o negócio retrocederá. Se for capaz de fazer que os clientes sintam que realmente trata de proteger seus interesses tanto como os seus, seu negócio crescerá. E conseguirá isso sem que seja necessário dar descontos, nem presentes. Trata-se simplesmente de que qualquer transação, por pequena que seja, a impregne de vida e de interesse.*

Este autor apresentou a ideia com clareza, e seria interessante seguir seu conselho e pô-lo em prática.

Outro aspecto muito importante da personalidade é o autocontrole, especialmente no que se refere a controlar seu caráter.

A ira é sinal de debilidade, não de força. Aquele que perde a compostura, automaticamente se coloca em desvantagem.

Lembre-se do velho ditado:

> *Se os deuses desejam destruir alguém, o tornam iracundo.*

Sob a influência da ira, o homem comete qualquer tipo de loucura que posteriormente lamentará. Atira seu juízo, sua experiência e sua prudência à baixeza, atuando tal qual um louco.

De fato, a ira é uma espécie de loucura. Se tiver dúvida a respeito, observe cuidadosamente a fisionomia da primeira pessoa iracunda que encontrar e verá o irracional que parece a loucura que atua.

É sábio aquele que se mantém sereno; enquanto seu oponente se encoleriza, já tem tudo ao seu favor.

É boa política permitir que o outro perca as estribeiras e se entregue à ira, esforçando-se você em se manter sereno. Comparativamente, é fácil tranquilizar uma pessoa colérica sem que se aborreça com você, pois para que haja uma briga, são necessários pelo menos dois.

Verá que o fato de controlar sua expressão e seu aspecto confere-lhe controle sobre seu estado mental interno. Perceberá que é capaz de controlar sua voz, mantendo-a tranquila, serena e baixa, não se deixando arrastar pela paixão e, inclusive, notará que ao fazê-lo, também a voz do outro gradualmente se tranquilizará, abandonando o tom elevado e ameaçador.

Ao final, os dois estarão falando no mesmo tom, sendo você quem marcou a pauta.

Vale a pena lembrar-se disso, esse controle da voz é um segredo que merece ser conhecido e praticado.

E já que estamos falando da voz, gostaria de chamar sua atenção sobre um controle vocal mais profundo, ou melhor, acerca de como cultivar a voz.

O homem que possui uma voz bem controlada, uniforme e agradável, ainda que possua habilidades semelhantes aos demais, sempre terá vantagem.

O valor de uma voz suave, flexível e vibrante é enorme. Se possuir uma voz assim, é um afortunado. Se não a possuir, por que não começar a cultivá-la? Naturalmente que pode!

O caso do famoso conferencista e locutor Nathan Sheppard é muito conhecido. São estas as suas palavras:

> *Quando decidi dedicar-me a falar em público, meus professores prognosticaram que fracassaria. Minha pronúncia era ruim e meus órgãos vocais inadequados. Para mim foram palavras dolorosas e cruéis, nunca as esquecerei. Não obstante estimularam em mim uma decisão e um empenho que sem elas nunca haveria tido. Não é que tenha conseguido*

nada extraordinário, não me orgulho por isso, mas cheguei a ganhar a vida falando em público e estou a mais de vinte anos nisso. Não me enaltece ter vencido todos os obstáculos e ter-me recuperado de todas as frustrações, mas sim, cultivei meu instinto vocal, trabalhei as carências e a retórica, esforcei-me por adequar minha voz aos meus sentimentos e dar o melhor de mim.

Depois destas palavras, qualquer coisa que acrescente acerca da possibilidade de melhorar a voz, a vontade e a prática seria supérflua.

Tem de escolher o tipo de voz que seja a mais adequada para seu trabalho e logo cultivá-la com prática, decisão e vontade.

Se o senhor Sheppard pôde se converter em um locutor famoso com todos os obstáculos que teve de superar, você também pode.

Se me sugere que diga também algumas palavras em relação ao corpo físico, como uma parte importante da personalidade, especialmente no que se refere ao andar, não creio que seja necessário acrescentar ao que já dissemos em relação a esse tema, especialmente no que se refere à autoestima.

O principal é cultivar um estado mental de autoestima e respeito por si mesmo e o resto seguirá como consequência natural.

O pensamento converte-se em ação e aquele que possui autoestima, sem dúvida plasmará esse estado interno em qualquer ato físico, gesto ou emoção. Portanto, devemos ser cuidadosos com nosso aspecto externo, especialmente no que se refere à limpeza e ao vestir.

Devemos cuidar para que tanto o corpo quanto nossas roupas sejam limpas. Estar bem vestido não significa usar etiquetas caras, de fato, aqueles que se vestem bem, costumam fazê-lo com grande simplicidade.

Cultive um gosto tranquilo e refinado sem extravagâncias.

O mais importante é a limpeza sempre.

Resumindo, quero destacar que o que chamamos de personalidade não é mais do que uma máscara externa do indivíduo interior.

Essa máscara pode ser mudada mediante um esforço da vontade junto com um bom juízo e inteligência.

Primeiro, deverá achar que tipo de personalidade lhe convém. Ponha mãos à obra para cultivá-la.

Forme uma imagem mental do que deseja ser, depois pense nisso e deseje-o ardentemente. Atue nesse sentido, uma vez e outra, ensaio após ensaio, até que finalmente se materialize seu ideal na realidade objetiva.

Crie um bom molde ou padrão mental e despeje nele seu material com assiduidade, mas lentamente. Deste molde sairá o caráter e a personalidade que deseja e necessita. Feito isso, deverá polir essa recém-nascida personalidade até que irradie com o brilho da cultura.

Você poderá ser aquilo que desejar ser, sempre que o deseje com força suficiente. O desejo é a mãe da realização.

Lembre-se uma vez mais da velha norma: *desejar seriamente, esperar com confiança e atuar com resolução.* Estes são os três passos que levam ao Sucesso.

Agora que lhe foi dado este pequeno segredo do Sucesso, utilize-o. Tudo vai depender de você. Eu apertei o botão, você deve fazer o resto.

PALAVRAS FINAIS

Ao ler as páginas anteriores, antes de mandá-las para a impressão, surpreendeu-me o fato de, apesar da minha decisão, expressa nas primeiras páginas, de não plasmar um código de normas, nem uma regra de conduta que pretenda ser considerada como guia infalível para o sucesso, apesar da minha promessa de não atuar como mestre ou pregador controlei-me bastante para andar no caminho, em que se refere a nomear aquilo que se deve fazer e aquilo que deve ser evitado.

Não obstante, sinto que os conselhos que dei são apropriados e que os diversos exemplos citados estimularão na mente do leitor o espírito que conduz ao sucesso.

E com este pensamento dedico estas páginas àqueles que as atraiam para si mesmos ou que sejam atraídos por elas, segundo a Lei de Atração.

Sinto, porém, que não terei completado minha tarefa, salvo se uma vez mais relembre ao leitor que o sucesso não se alcança seguindo cegamente as normas ou os conselhos alheios, quer sejam os meus ou de outras pessoas.

Não existe somente um caminho para o sucesso, não há um padrão que possa magicamente transformar os fracassados em capitães da indústria ou magnatas das finanças.

Poucas coisas são mais patéticas e ao mesmo tempo mais divertidas, conforme alguém o veja, que os abundantes textos e palestras oferecidos ao público acerca do sucesso por autodenominados mestres.

É impossível imprimir em algumas páginas um método infalível, através do qual o leitor possa alcançar o sucesso que seu coração tanto almeja.

A verdade fria e dura é que, no que se refere ao sucesso, cada um de nós deve construir o seu próprio caminho. As normas e os conselhos podem ajudar e sem dúvida o farão, mas o trabalho real deve realizá-lo o próprio indivíduo.

É ele quem tem de esculpir seu próprio destino e nenhum poder, superior ou inferior, fará o trabalho por ele.

O velho ditado que diz: *Deus ajuda a quem se ajuda* é verdadeiro em mais de um sentido.

É certo no sentido de que a ajuda do Alto parece negar-se a quem não esteja disposto a dar o melhor de si mesmo. Mas, também é certo em outro sentido, a referida ajuda chega a quem põe toda sua alma e todo seu coração no trabalho que tem diante dele, e cada dia realiza seu trabalho da melhor maneira que pode, com esperança e confiada expectativa de que o futuro lhe apresentará coisas muito melhores.

O sábio é aquele que percorre com ânimo os passos que tem à sua frente, pisando com firmeza o solo com confiança, ainda que, a partir de onde ele está não possa ver o que há mais adiante.

Com um passo após outro, o caminho vai iluminando-se, até que finalmente a pessoa alcance a meta, enquanto que os temerosos, que não deram o primeiro passo porque não podiam ver além, seguem, todavia, esperando que algo aconteça. Essa espera é má política, como disse Gardefield: *Não espere que algo ocorra. Saia e faça você mesmo.*

Inicie a marcha diante de si com decisão e esperança e logo verá aparecer o caminho.

O que deve fazer é aquilo que está à sua frente. Faça o melhor que souber, seguro de que ao fazê-lo prosseguirá para coisas melhores, até aquilo que seu coração anela. Ao se pôr em ação, lhe chegarão novas ideias, pois o ato gera inspiração. Ponha-se em marcha.

Neste livro, tratei de chamar sua atenção para algo de muito mais importância do que um simples código de normas e de conselhos gerais. Fiz significar para você o fato glorioso de que no interior de cada um de nós há algo que devidamente estimulado incrementará consideravelmente sua força e sua capacidade. Assim, tratei de habilitá-lo acerca desse Algo Interior.

Creio que o estudo do caráter e do trabalho dos homens de Sucesso lhe mostrará que, por diferentes que sejam suas características pessoais, todos manifestam ter consciência desse Algo Interior que lhes confere segurança em seu poder e sua força interna e que, por sua vez, lhes gera coragem e confiança em si mesmos.

A maioria de nós, homens e mulheres de sucesso, sentimos que há Algo no nosso interior que nos ajuda. Nós chamamos este Algo de "Sorte" ou "Destino" ou alguma palavra desse que expresse esse sentido. Mas, não são mais do que formas de reconhecer esse poder interno que nos ajuda, ainda que não estejamos seguros da natureza do mesmo.

De fato, a maioria de nós não se detém em especular sobre a referida natureza, pois está demasiado ocupada, conforma-se em saber que aí está.

Esse Algo Interior é o verdadeiro indivíduo, o "Eu" de cada um, a fonte de poder.

Escrevi este livro com a esperança de que para muitos seja o primeiro passo para reconhecer, desenvolver e manifestar esse Poder Interior.

Seriamente, convido você a cultivar essa consciência do *EU SOU,* que o fará ver o poder que tem no seu interior. Depois, de forma natural, lhe virá a consciência que se expressa a si mesma na frase: *POSSO e QUERO,* que é uma das maiores afirmações de que o homem pode realizar. Essa consciência de *QUERO e POSSO* é a expressão desse Algo Interior que confio que terá e se manifestará.

Além de qualquer outro conselho que possa lhe dar, este é o mais importante para o Segredo do Sucesso.